公路波形钢腹板预应力混凝土箱梁桥支架法施工技术

Construction Technology of the Prestressed Concrete Box-girder Highway Bridge with Corrugated Steel Weds by Bracket Method

主　编：王前东　郑连群
吕小武　靳九贵
副主编：史思强　田照洲

人民交通出版社

内 容 提 要

本书总结了我国第一座单箱三室波形钢腹板预应力混凝土箱梁高速公路桥——大广高速公路冀豫界至南乐段项目卫河特大桥的施工经验，阐述了波形钢腹板预应力混凝土箱梁桥的施工工艺。全书共分9章，第1章绪论，第2章简要介绍了波形钢腹板的制造，第3章到第5章阐述了支架、模板、钢筋和波形钢腹板的安装工艺，第6章和第7章介绍了混凝土与预应力的施工，第8章介绍了卫河特大桥的施工控制，第9章介绍了全桥静载试验。

本书可供从事公路桥梁设计与施工的技术人员参考借鉴。

图书在版编目(CIP)数据

公路波形钢腹板预应力混凝土箱梁桥支架法施工技术/王前东等主编.--北京：人民交通出版社，2012.9

ISBN 978-7-114-10079-6

I.公… II.王… III.①预应力混凝土结构—公路桥—箱梁桥—工程施工 IV.①U448.14

中国版本图书馆CIP数据核字(2012)第217198号

书　　名：公路波形钢腹板预应力混凝土箱梁桥支架法施工技术
著 作 者：王前东　郑连群　吕小武　靳九贵
责任编辑：李　农
出版发行：人民交通出版社
地　　址：(100011)北京市朝阳区安定门外外馆斜街3号
网　　址：http://www.ccpress.com.cn
销售电话：(010)59757969,59757973
总 经 销：人民交通出版社发行部
经　　销：各地新华书店
印　　刷：北京市密东印刷有限公司
开　　本：720×960　1/16
印　　张：9.5
字　　数：163千
版　　次：2012年9月　第1版
印　　次：2012年9月　第1次印刷
书　　号：ISBN 978-7-114-10079-6
定　　价：35.00元

编写委员会

前　言

波形钢腹板预应力混凝土箱梁桥采用波折形薄钢腹板代替箱梁混凝土腹板，减轻了箱梁的自重，减少了下部结构的工程量，降低了造价。工程实践表明，与同跨度的预应力混凝土桥相比，波形钢腹板预应力混凝土箱梁桥可节约成本10%～15%。波形钢腹板预应力混凝土箱梁结构受力明确，在轴向力和弯矩作用下，腹板上的轴向应力基本为零，轴向力基本上由混凝土顶底板承担。由于波形钢腹板对轴向力几乎无抵抗作用，提高了预应力导入效率，从而能更有效地对混凝土顶、底板施加预应力。由于波形钢腹板不约束箱梁混凝土顶、底板由收缩徐变产生的变形，避免了箱梁截面的预应力向钢腹板转移。采用波形钢腹板代替混凝土腹板后，彻底解决了传统混凝土腹板箱梁的腹板开裂问题，提高了桥梁的耐久性。波形钢腹板构造简单、安装快捷，减少了腹板立模及混凝土浇筑的工作量，方便了施工。

本书总结了我国第一座单箱三室波形钢腹板预应力混凝土箱梁高速公路桥——大广高速公路冀豫界至南乐段项目卫河特大桥主桥的施工经验，阐述了波形钢腹板预应力混凝土箱梁桥的施工工艺，其目的是为我国的波形钢腹板预应力混凝土箱梁桥的建造与发展提供一些参考。全书共分9章，第1章绪论，第2章简要介绍了波形钢腹板的制造，第3章到第5章阐述了支架、模板、钢筋和波形钢腹板的安装工艺，第6章和第7章介绍了混凝土与预应力的施工，第8章介绍了卫河特大桥主桥的施工控制，第9章介绍了全桥静载试验。

本书由王前东、郑连群、吕小武、靳九贵任主编；史思强、田照洲任副主编；吴晓霞、戚佳飞、卫亚洲、万水等参与了编写。在本书编写过程中，作者参考了许多国内外关于波形钢腹板预应力混凝土箱梁桥的施工经验和研究成果，在此对书中引用的资料的作者们和单位表示诚挚的谢意。感谢河南省交通规划勘察设计院有限责任公司、东南大学、中铁三局集团第二工程有限公司、河南省公路工程监理咨询有限公司等单位所给予的大力支持与帮助。

衷心地感谢所有在本书写作中给予过大力支持的专家和朋友们。由于作者水平有限，书中肯定存在不足之处，敬请读者批评指正。

濮阳豫龙高速公路有限责任公司

二〇一二年二月

目　　录

第1章 绪 论

波形钢腹板预应力混凝土箱梁桥就是用波形钢腹板取代预应力混凝土腹板的箱梁桥,这种新型的组合结构桥梁具有经济效益好、抗震性能好、结构受力合理、材料利用率高、施工方便快捷、节能环保、造型美观等优点。它于20世纪80年代由法国开发,此后在日本得到推广应用,目前已成为日本高速公路普遍使用的桥梁形式。在我国,波形钢腹板预应力混凝土箱梁桥的应用尚处于起步阶段,卫河特大桥是我国首座应用在高速公路上的波形钢腹板箱梁桥。探索波形钢腹板预应力混凝土箱梁桥的施工技术不仅是为了满足卫河特大桥工程建设的需要,而且可以为我国同类型桥梁建设提供参考。

1.1 卫河特大桥工程简介

大广高速公路冀豫界至南乐段项目是国家高速公路规划“7918”网及河南省“686”高速公路规划网络骨架的重要组成部分,是大广高速公路国道主干线在河南省的最后一段。项目全长14.1545km,路基宽34.5m,设计行车速度120km/h,双向六车道、全封闭、全立交高速公路。项目在K2+018(施工桩号)位置设置全长1400m的卫河特大桥,大桥引桥采用装配式部分预应力混凝土连续箱梁结构,主桥采用全国首次应用在高速公路上的单箱多室波形钢腹板预应力混凝土箱梁结构。

1.1.1 主桥箱梁构造

采用单箱三室直腹板等高截面箱梁,箱梁顶宽16.85m,底宽11.85m,翼缘悬长2.5m。梁高3.2m,顶板厚25cm,底板厚22cm,箱梁腹板采用波形钢腹板。箱梁截面如图1-1所示。钢材种类为Q345qD,抗拉强度200MPa、抗剪强度120MPa,波长1200mm,波高200mm,直板段水平长度为330mm,斜板段水平长度为270mm,水平折叠角度为36.5°,内径R为200mm,钢板厚度12mm。腹板平面如图1-2所示。

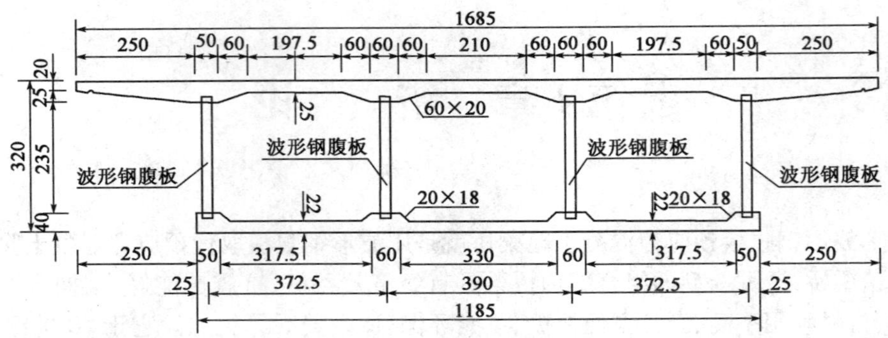

图 1-1　箱梁截面图(尺寸单位:cm)

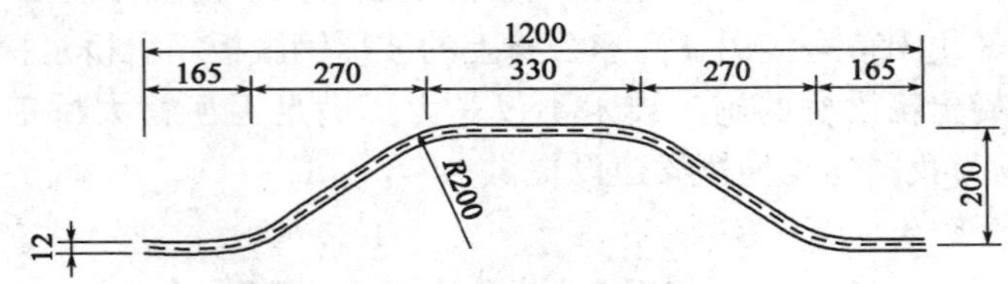

图 1-2　腹板平面图(尺寸单位:mm)

1.1.2　波形钢腹板之间的连接

波形钢腹板边板采用对接焊缝,焊缝类型为 MC-BV-B1,其焊接形式如图1-3所示。中腹板采用 10.9 级 M22 高强螺栓进行连接,并进行焊脚尺寸为 8mm 的贴角焊接,如图 1-4 所示。钢腹板和翼缘板的对接焊缝如图 1-5 所示。

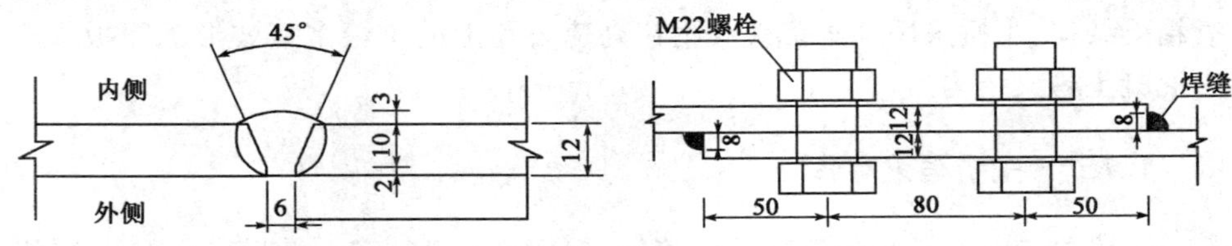

图 1-3　边腹板对接焊缝(尺寸单位:mm)　　图 1-4　中腹板高强螺栓连接(尺寸单位:mm)

1.1.3　波形钢腹板与混凝土顶、底板之间的连接

本桥波形钢腹板与混凝土顶板连接采用波形钢腹板开孔板连接件(PBL),底板连接采用焊钉连接件,开孔钢板及翼缘板厚 14mm,开孔钢板开孔直径

60mm，纵桥向间距150mm，贯穿钢筋采用ϕ20mm钢筋；焊钉采用M22的普通栓钉，焊钉高150mm，分别如图1-6、图1-7所示。

腹板与连接件采用MC-TL-2型焊缝，其立面与平面分别如图1-8、图1-9所示。

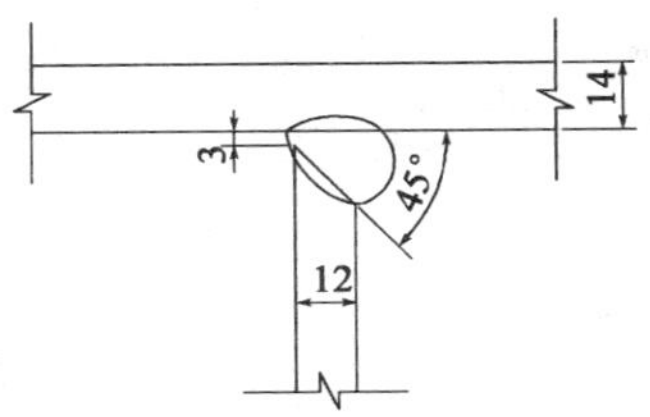

图1-5 钢腹板和翼缘板对接焊缝（尺寸单位：mm）

图1-6 波形钢腹板开孔板连接件

图1-7 焊钉连接件

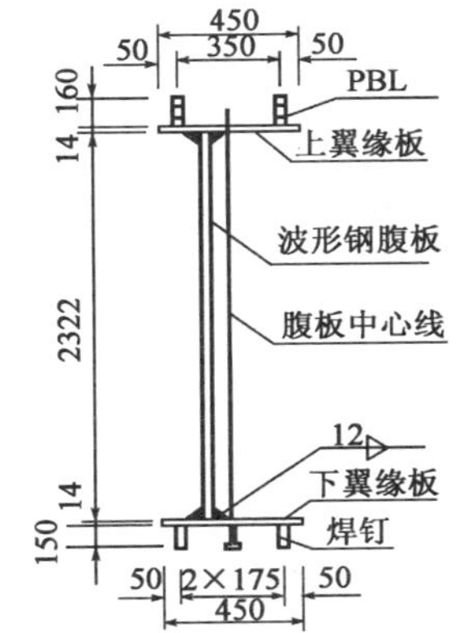

图1-8 连接立面图（尺寸单位：mm）

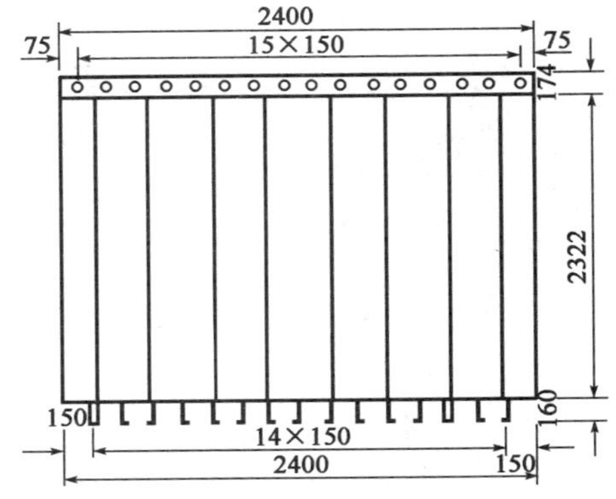

图1-9 连接平面图（尺寸单位：mm）

1.1.4 横隔板设置

为了提高整个结构的横向抗变形能力，并且通过横隔板达到体外预应力束转向的目的，每跨设3道横隔板，板厚200mm，并在底板设置检修人孔；横隔板布置如图1-10～图1-13所示，横隔板截面如图1-14所示。横隔板通过栓钉与波形钢腹板结合在一起，如图1-15～图1-17所示。

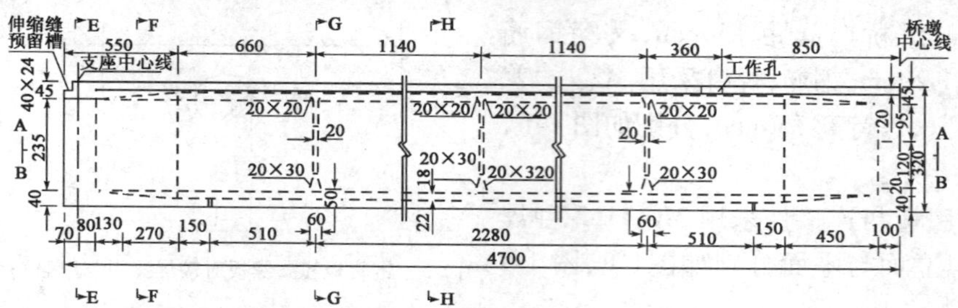

图 1-10　边跨横隔板布置立面图(尺寸单位:cm)

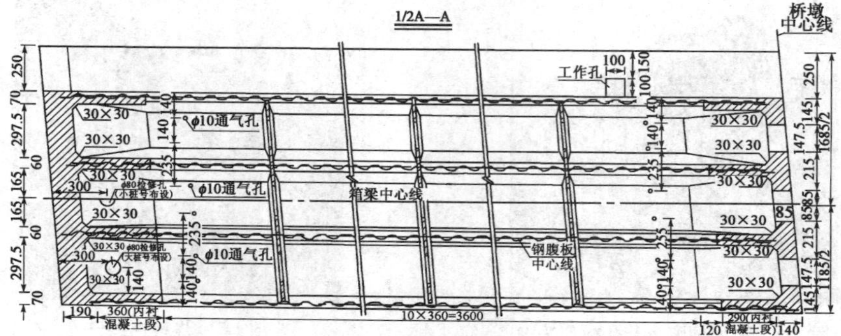

图 1-11　边跨横隔板布置平面图(尺寸单位:cm)

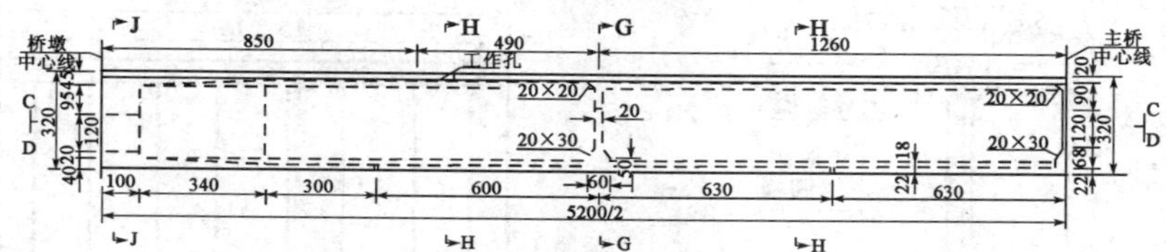

图 1-12　中跨 1/2 跨横隔板布置立面图(尺寸单位:cm)

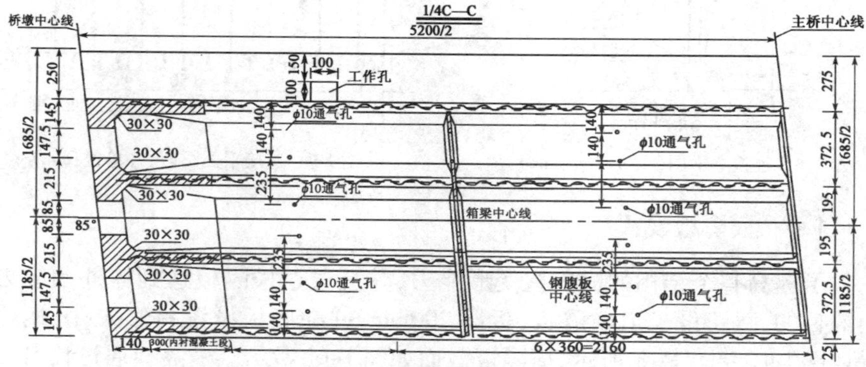

图 1-13　中跨 1/2 跨横隔板布置平面图(尺寸单位:cm)

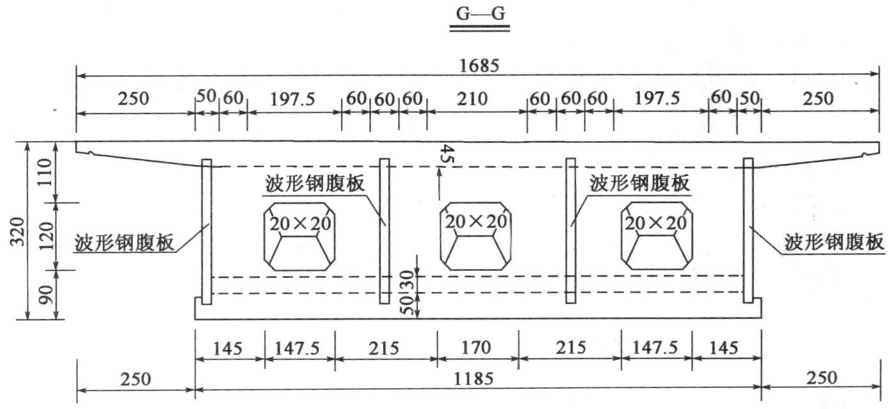

图1-14 横隔板截面图(尺寸单位:cm)

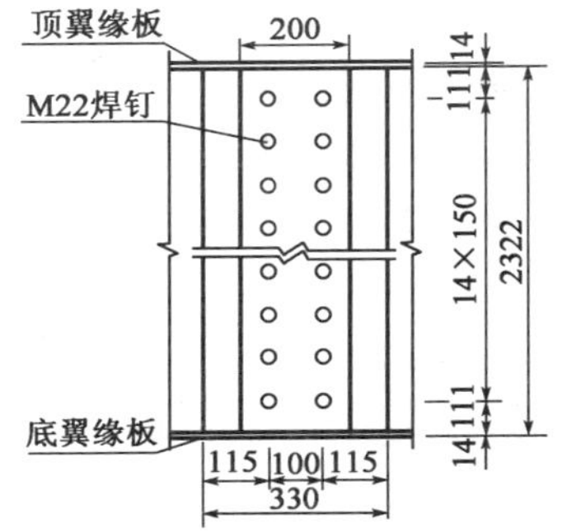

图1-15 腹板与横隔板连接立面图
(尺寸单位:cm)

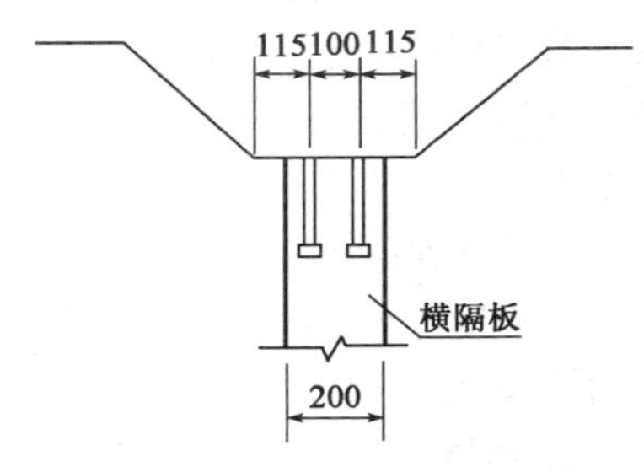

图1-16 边腹板与横隔板连接平面图
(尺寸单位:cm)

1.1.5 预应力钢束布置

主桥箱梁内预应力钢筋采用$\phi^{s}15.2$低松弛高强度预应力钢绞线,在顶、底板内全桥通长布置19—$\phi^{s}15.2$型体内预应力钢绞线;体内预应力钢束应符合《预应力混凝土用钢绞线》(GB/T 5224—2003)规定的19—15.2mm钢绞线,其标准抗拉强度$f_y = 1860\text{MPa}$,张拉控制应力1375MPa。体外钢绞线采用OVM.S6 19—$\phi^{s}15.2$环氧喷涂无黏结成品索。体外预应力

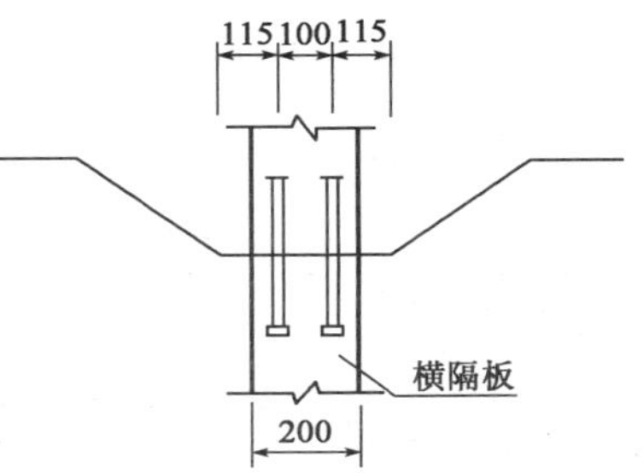

图1-17 中腹板与横隔板连接平面图
(尺寸单位:cm)

索应符合《无粘结预应力钢绞线》(JG 161—2004)规定的19—15.2mm钢绞线，外包HDPE护套。其标准抗拉强度f_y = 1860MPa，张拉控制应力1116MPa。体外预应力束锚具采用OVM.TT型锚具，锚具应满足整体换束及调整张拉力的要求，锚具其他性能应满足《预应力筋用锚具、夹具和连接器》(GB/T 14370—2007)的要求。锚具所用钢管均采用符合(GB 8163—99)规定的无缝钢管。

顶板横向预应力钢束采用BM15—3扁锚体系，采用一端单根张拉方式，设计张拉吨位为193.9kN，预应力锚具张拉端与锚固端交错布置；横梁横向预应力钢束采用BM15—3扁锚体系，两端单根张拉方式，设计张拉吨位为193.9kN。

1.1.6 波形钢腹板涂装

本桥的第一次维修寿命25年，防护期望周期50年。对波形钢腹板及翼缘板等与大气环境接触的内外表面均进行防腐涂装。对于嵌入到端横梁混凝土的钢腹板，涂漆表面应该埋入混凝土3cm，并设置硅胶系止水材料进行封堵。钢结构防腐涂装施工前，应由涂料供应商按照设计及《铁路钢桥制造规范》(TB 10212—2009)和《铁路钢桥保护涂装及涂料供货技术条件》(TB/T 1527—2011)制订详细的钢结构防腐涂装工艺说明，并经设计单位、监理单位、施工单位认可。施工环境温度不得低于5℃，相对湿度不得高于85%，工作表面的温度不得高于50℃，工作表面不可有油及其他污渍。除表面的面漆可在工地露天施工外，其余均应在室内进行。

对钢腹板进行工厂涂装处理，只有接头部分待施工焊接后进行现场涂装处理。具体涂装工序见表1-1、表1-2。

波形钢腹板边腹板外表面涂装工序 表1-1

序号	工序名称	施工要求	施工方法	涂装厚度(μm)
1	抛丸、喷砂表面处理	Sa2.5级 Rz50~80μm	—	—
2	电弧热喷铝	2层	电弧喷涂	120
3	环氧云铁防锈漆封闭层	2层	无气喷涂	80
4	丙烯酸脂肪族聚氨酯面漆	2层	无气喷涂	80

波形钢腹板边腹板内表面及中腹板涂装工序 表1-2

序号	工序名称	施工要求	施工方法	涂装厚度(μm)
1	抛丸、喷砂表面处理	Sa2.5级 Rz50~80μm	—	—
2	LS—1水性无机环氧富锌涂料	1层	无气喷涂	100
3	环氧(厚浆)漆	1层	无气喷涂	100
4	丙烯酸脂肪族聚氨酯面漆	2层	无气喷涂	80

1.1.7 波形钢腹板组合箱形连续梁施工流程(图1-18)

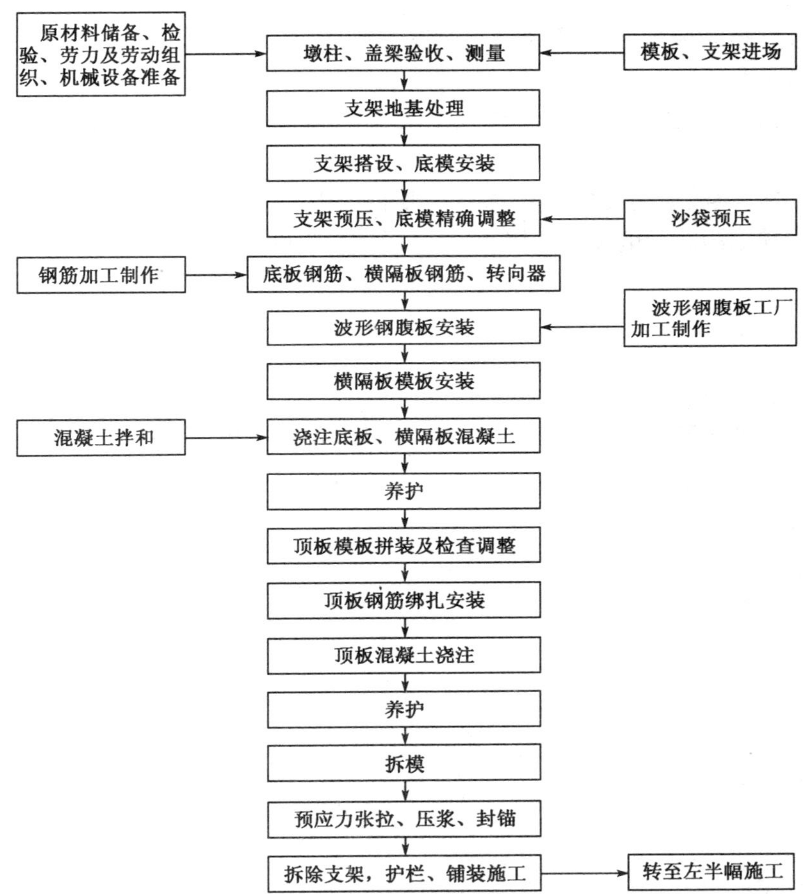

图1-18 波形钢腹板组合箱形连续梁施工流程图

1.2 编写说明

本书所涉及主要名词术语如下：

波形钢腹板：被加工成波折或波纹形状的腹板构造的钢板，也称波纹钢腹板。

波高:波形钢腹板的波幅。

波长:波形钢腹板峰与峰、谷与谷之间的距离。

板厚:波形钢腹板的厚度,即所采用的钢板的厚度。

波形钢腹板高度:波形钢腹板竖直方向全高。

转角半径:波形钢腹板转折角处内圆的弯曲半径。

节段长度:由若干个单位波长的波形钢腹板拼接而成的一个施工段落的长度。

连接件:波形钢腹板节段之间、波形钢腹板与混凝土顶底板之间及波形钢腹板与横隔梁板之间的接合部构造,是波形钢腹板的组成部分。

第 2 章　波形钢腹板制作

2.1　材　　料

2.1.1　钢材

（1）波形钢腹板所用钢材的品种、性能、规格等应符合现行国家产品标准和设计要求，必须有出厂质量证明书、检验报告及复验报告。

（2）波形钢腹板制作采用 Q345qD 低合金结构钢，与旧标准 GB 1591—88 牌号对照 12MnV、16Mn 16MnRE、18Nb、14MnNb 。其综合力学性能良好，低温性能亦可，塑性和焊接性良好，其技术条件应符合《桥梁用结构钢》（GB/T 714—2008）的有关规定。卫河特大桥波形钢腹板所用 Q345qD 钢材的化学成分见表 2-1，力学性能见表 2-2。

Q345qD 化学成分表（%）　　　　表 2-1

元素	C	Mn	Si	P	S	Al	V	Nb	Ti
标准含量	≤0.18	0.9 ~ 1.7	≤0.55	≤0.025	≤0.02	≥0.015	0.02 ~ 0.15	0.015 ~ 0.06	0.02 ~ 0.2
厂家含量	0.17	1.39	0.26	0.018	0.002	0.03	0.08	0.017	0.11
复验含量	0.15	1.36	0.26	0.01	0.004	0.029	0.074	0.019	0.14

Q345qD 力学性能指标表　　　　表 2-2

试 验 项 目	σ_b(MPa)	σ_s(MPa)	δ_5(%)	A_{kr}(J)0℃
标准数值	≥490	≥345	≥20	≥47
厂家数值	555	415	31	102/94/120
复验数值	555	425	31.5	125

注：其中板厚介于 16 ~ 35mm 时，σ_s≥325MPa；板厚介于 35 ~ 50mm 时，σ_s≥295MPa。

（3）钢材表面锈蚀等级应符合《涂装前钢材表面锈蚀等级和除锈等级》（GB 8923—88）规定的 C 级及 C 级以上。

（4）当钢材表面有锈蚀、麻点或划痕等缺陷时，其深度不得大于该钢材厚度允许负偏差值的1/2。

(5)钢板厚度允许偏差应符合《热轧钢板和钢带的尺寸、外形、重量及允许偏差》(GB 709—2006)的规定。

(6)钢材端边及断口处不应有分层、夹渣等现象。

2.1.2 焊钉

焊钉采用M22普通栓钉(图2-1),焊钉长156mm,焊钉及配套瓷环形状、尺寸及力学性能应符合《电弧螺柱焊用圆柱头焊钉》(GB/T 10433—2002)的规定。

图2-1 M22普通栓钉

2.1.3 焊接材料

(1)焊条、焊丝、焊剂等焊接材料应根据焊接工艺评定试验结果确定。

(2)焊接材料的品种、性能、规格等应符合现行国家产品标准和设计要求,必须有出厂质量证明书、检验报告及复验报告。

(3)应选用与母材相匹配的焊接材料。焊接材料选用应符合表2-3的要求。

(4)焊条外观不应有药皮脱落、焊芯生锈等缺陷;焊剂不应受潮结块。

焊接材料标准 表2-3

名称	型号	标准	标准号
焊条	碳钢	《碳钢焊条》	GB/T 5117—1995
	低合金钢	《低合金钢焊条》	GB/T 5118—1995
焊丝	碳钢、低合金钢	《熔化焊用钢丝》	GB/T 14957—1994
	碳钢、低合金钢	《气体保护电弧焊用碳钢、低合金钢焊丝》	GB/T 8110—2008
焊剂	碳素钢	《埋弧焊用碳钢焊丝和焊剂》	GB/T 5293—1999
	低合金钢	《埋弧焊用低合金钢焊丝和焊剂》	GB/T 12470—2003

2.1.4 涂装材料

(1)涂装材料的品种、性能、规格等应符合现行国家产品标准和设计要求,必须有出厂质量证明书、检验报告。

(2)禁止使用过期产品、不合格产品和未经试验的替用产品。

(3)涂装材料的型号、名称、颜色及有效期应与其质量证明文件相符。开启后,不应存在结皮、结块、胶凝等现象。

2.1.5　螺栓

(1)中腹板连接用 M22 高强螺栓,必须有出厂质量证明书、检验报告及复验报告。

(2)高强度螺栓应满足下列标准的要求:

①《钢结构用扭剪型高强度螺栓连接副》(GB/T 3632 ~ 3633—2008)。

②《钢结构用高强度大六角头螺栓》(GB/T 1228—2006)。

③《钢结构用高强度大六角螺母》(GB/T 1229—2006)。

④《钢结构用高强度垫圈》(GB/T 1230—2006)。

⑤《钢结构用高强度大六角头螺栓、大六角螺母、垫圈技术条件》(GB/T 1231—2006)。

(3)高强度螺栓连接副应按包装箱配套供货,包装箱上应标明批号、规格、数量及生产日期。螺栓、螺母、垫圈外观表面应涂油保护,不应出现生锈和沾染脏物,螺纹不应有损伤。

2.2　制　　作

2.2.1　号料

(1)号料应根据施工图和工艺文件进行,考虑到焊接收缩及随后的边缘精加工等,应按工艺要求预留加工余量。

(2)钢板不平直、锈蚀、有油漆等污物影响号料或切割质量时,应矫正、清理后再号料,号料尺寸允许偏差为 ±1.0mm。

(3)号料前确认所用材料的材质、厚度表面状况应符合图样及工艺文件的要求。

(4)号料应合理、节约用料。

(5)钢板的起吊、搬移、堆放过程中,应注意保持其平整度。

2.2.2　下料

(1)手工焰切仅适用于工艺特定的或焰切后仍需再加工的零件,其尺寸允许偏差为 ±2.0mm。

（2）精密（数控、自动、半自动）焰切后边缘不再加工的零件，应符合表2-4的规定。

焰 切 面 质 量　　表2-4

序　号	项　目	允 许 偏 差	备　注
1	切割面粗糙度	不大于25μm	
2	崩坑	1m内允许一处1mm	超限修补，按焊接修补规定处理
3	塌角	圆角半径不大于0.5mm	
4	切割面垂直度	不大于板厚的5%，且不大于2.0mm	

（3）对于切割后不进行边缘机加工的切割面硬度不超过HV350。

（4）对于工艺要求切割后再进行机加工的气割零件，其尺寸偏差可按工艺技术文件及图纸执行。

（5）零件应磨去边缘的飞刺、挂渣，使断面光滑匀顺。

（6）崩坑缺陷的修补应符合附录A的规定。

（7）下料后零件的允许偏差应满足附表B-1的相关规定。

（8）火焰切割应严格按照相关安全操作规程执行，当有“回火”现象发生时，应立即关闭氧气和乙炔阀门。

2.2.3 边缘加工

（1）机加工零件的边缘加工深度不得小于3mm（当边缘硬度不超过HV350时，加工深度不受此限），加工面粗糙度不得大于25μm。

（2）焊接坡口可采用冷加工磨削方法制备，坡口尺寸应符合标准坡口图样要求（图2-2），允许偏差应满足附表B-1的相关规定。

图2-2　钢板坡口

2.2.4 制孔

（1）螺栓孔应呈正圆柱形，孔壁表面粗糙度不得大于25μm，孔缘无损伤不平，无刺屑。

（2）PBL孔应呈正圆柱形，孔壁表面宜粗糙。

（3）螺栓孔及波形钢腹板开孔板连接件（图2-3）的允许偏差应满足附表B-1的相关规定。

2.2.5　压型

(1)采用无牵制冷弯模压加工方法制作波形钢腹板(图 2-4、图 2-5)。

(2)压制成型的波形钢腹板不应有冷弯裂纹、趋势性断裂、浪边、角部裂纹、角部褶皱、纵向弯曲、扭曲等缺陷。

(3)波形钢腹板的起吊、搬移、堆放过程中,应注意保持其形状尺寸(图 2-6)。

图 2-3　波形钢腹板开孔板连接件

图 2-4　1800t 液压机

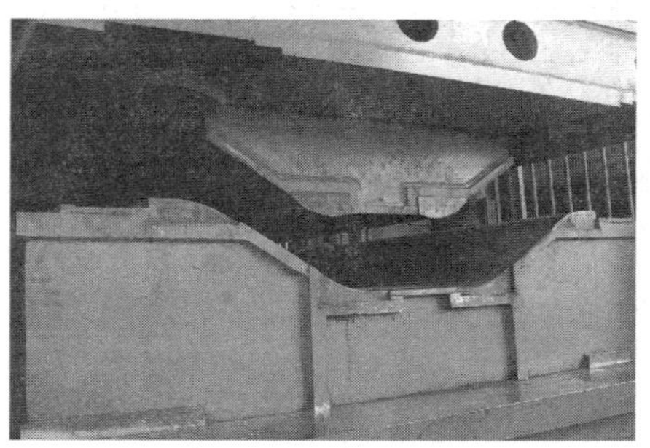

图 2-5　液压机上的模具

2.2.6　抛丸除锈

(1)对波形钢腹板表面进行抛丸除锈处理(图 2-7),除锈等级应达到 GB/T 8923—1988标准规定的 Sa2.5 级。

(2)抛丸后钢板表面若有划痕、崩坑等缺陷,其深度不得大于该钢材厚度允许负偏差值的 1/2。超限缺陷须修补,应符合附录 A 的规定。

图 2-6　波形钢板堆放

图 2-7　波形钢腹板抛丸除锈

2.2.7 组装

(1)采用埋弧焊、CO_2 气体保护焊及低氢型焊条手工焊方法焊接的接头,组装前必须彻底清除待焊区域的铁锈、氧化铁皮、油污、水分等有害物,使其表面显露出金属光泽。清除范围应符合图 2-8 的规定。

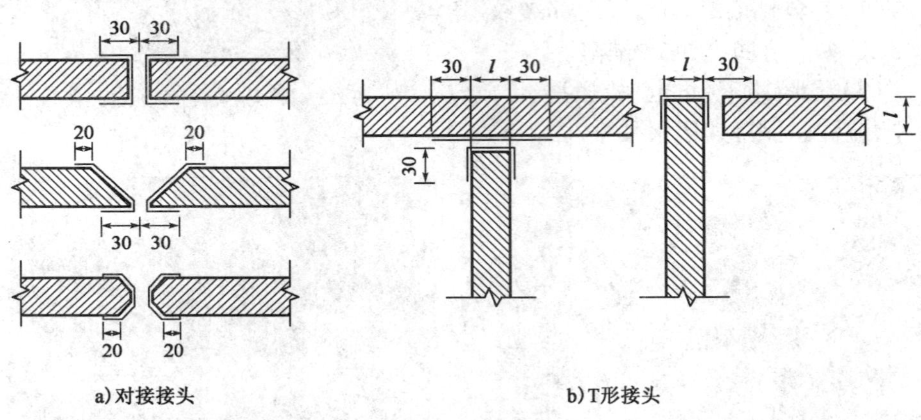

图 2-8 组装前的清除范围(尺寸单位:mm)

(2)应尽量减少临时定位连接码板,在焊接临时码板时,应避免对母材产生咬边及弧坑。拆除夹具或马板时严禁锤击,而应距母材表面 1 ~ 3mm 处用火焰切除(不得伤及母材)并磨平。

(3)采用埋弧焊焊接的焊缝,应在焊缝的端部连接引板;引板的材质、厚度及坡口应与焊件相同。

波形钢腹板组装如图 2-9 所示。

(4)定位焊应符合下列要求:

图 2-9 波形钢腹板组装

①定位焊所用的焊接材料要和正式焊缝相匹配。

②定位焊缝应距设计焊缝端部 30mm 以上,其长度为 60 ~ 100mm。

③定位焊缝的焊脚尺寸不得大于设计焊脚尺寸的 1/ 2,但不应小于 4mm。

④定位焊缝间距应为 400 ~ 600mm。

⑤定位焊缝不得有裂纹、夹渣、焊瘤等缺陷。

⑥对于有缺陷的焊点必须清除后补充定位焊。

⑦对于开裂的定位焊缝，必须先查明原因，然后再清除开裂的焊缝，并在保证构件尺寸正确的条件下重新进行定位焊。

(5)杆件组装允许偏差应符合表 2-5 的规定。

杆件组装允许偏差 表 2-5

序 号	简 图	项 目	允许偏差(mm)
1		对接高低差 Δ_1	0.5
		对接间隙 Δ_2	1.0
2		实际连接线与设计连接线偏移 Δ	1.0
3		盖板倾斜 Δ	0.5
4		组装间隙 Δ	1.0

注：表中偏差尺寸不包含焊接收缩量。

2.2.8 焊接工艺评定和焊工资格

1)焊接工艺评定

(1)以前已做的具有相同材质、相同坡口形式、相同焊接方法并有正式报告的工艺评定，经监理认可予以承认。

(2)当采用新材料或新方法、新工艺进行焊接时，应按规范进行焊接工艺评定，详见附录 B，当焊接工艺评定合格后，方可使用。

2)焊工资格

焊工必须具有资格证书，且只能从事资格证书中认定范围内的工作。

2.2.9 焊接总体要求

(1)所有的焊接，均应按照批准的焊接工艺评定试验要求进行，若存在与焊接工艺要求不一致的变化，需重新进行焊接工艺评定试验。

(2)焊工必须熟悉工艺要求,明确焊接工艺参数,施焊前由技术人员对焊工进行技术交底。

(3)根据设计图纸和加工技术要求,编制工厂焊接的工艺文件。

(4)点固焊应与正式焊缝的质量要求一致。

(5)点固焊前,必须按施工图及工艺文件检查焊件坡口尺寸、根部间隙等,如不符合要求,不得进行点固焊。

(6)点固焊长度、间距及焊脚高度应符合有关规范标准的要求。

(7)在正式焊接前,应检查点固焊缝有无裂纹,确无裂纹后才能正式焊接。

(8)点固焊不得有裂纹、夹渣、焊瘤等缺陷。凡最后不熔入正式焊缝的点固焊应予以清除。

(9)应根据有关规范标准,制定严格的焊接材料的保存、领用、烘干、存放制度,以便对主要焊缝进行焊材跟踪。

(10)波形钢腹板在组装后24h内焊接,且焊接前必须彻底清除待焊区域内的有害物,焊接时不得随意在母材的非焊接部位引弧,做好层间清理工作,焊接后应清理焊缝表面的熔渣及两侧的飞溅。

(11)当工作件表面潮湿或有雨、雪、大风,或气候严寒(环境温度低于5℃,相对湿度大于80%)时,不宜进行焊接作业。

(12)当环境温度低于0℃时进行低温环境操作,采取如下措施:

①焊前应清除沿焊缝两边宽100~200mm范围内的霜、冰、雪及其他污物,并用氧—乙炔火焰烘干。

②当环境温度低于-5℃时,应进行预热,预热温度为70℃左右。

(13)手工焊焊接的引弧应放在焊接坡口之内进行。

(14)采用埋弧自动焊、半自动焊进行焊缝返修时,必须将清除部位的焊缝两端刨成不大于1:5的斜坡,再进行焊接。

(15)带钝边的双面贴角焊缝要求焊缝有效厚度之和不小于开坡口板厚的1.2倍。

(16)圆柱头焊钉应使用专用螺柱焊机焊接。焊接前,圆柱头焊钉及施焊部位应除去氧化铁皮、铁锈、油污、水分等不利于焊接的物质;瓷环应按规定要求烘干。焊钉焊接应严格执行焊接工艺细则。每日每班生产前,应先试焊2个焊钉,进行外观和弯曲30°角试验,其焊缝和热影响区不应有肉眼可见的裂纹。

(17)焊缝磨修和返修焊应符合下列要求:

①焊接后引板或产品试板必须用气割切掉,并磨平切口,不得损伤工件。

②焊缝咬边超过1mm或焊脚尺寸不足时,可采用手弧焊进行返修焊,并修

磨匀顺。

③应采用碳弧气刨或其他机械方法清除焊接缺陷，在清除缺陷时应刨出利于返修焊的坡口，并用砂轮磨掉坡口表面的氧化皮，露出金属光泽。

④焊接裂纹的清除长度应由裂纹两端各外延 50mm。

⑤用埋弧焊返修焊缝时，必须将焊缝清除部位的两端刨成 1:5 的斜坡。

⑥返修焊缝应按原焊缝质量要求检验，同一部位的返修焊不宜超过两次。

⑦垂直应力方向的对接焊缝必须除去余高，并顺应力方向磨平。

⑧圆柱头焊钉的补焊：对有缺陷的焊钉焊缝可采用手工焊补焊，补焊长度应自缺陷两端外延 10mm，焊脚尺寸为 6mm。当少数焊钉焊缝不合格时，应将焊钉从杆件上切除，且不应伤及母材，切除圆柱头焊钉的部位应打磨平整，然后用原焊接方法重新焊上焊钉，并达到合格的焊接质量。

图 2-10 埋弧自动焊焊接

2.2.10 埋弧自动焊焊接

（1）波形钢腹板平面对接焊缝为二级焊缝，采用埋弧自动焊焊接（图 2-10）。

（2）焊接工艺评定试验指导书见表 2-6。

焊接工艺评定试验指导书 表 2-6

序号	流程	类别	项目	技术要求	注释
1	焊前准备	母板	材质	Q345qD	Q345qD 低合金结构钢，综合力学性能、塑性和焊接性良好，热轧或正火状态使用，可用于 –20℃ 以下寒冷地区的各种钢结构
2			数量	6 块	
3			预热	去潮气预热	
4			表面清理	电动工具打磨	施焊前去除焊缝边缘 30 ~ 50mm 范围内的铁锈、毛刺等污物，露出钢材金属光泽
5			规格	150mm × 400mm × 12mm	
6			坡口形式	Y 形坡口	
7		填充金属	焊丝	H10Mn2	用于厚板的单丝、双丝及多丝的多层埋弧焊，具有良好的焊接熔敷性能和好的机械性能
8			规格	ϕ4.0mm	
9			表面要求	无油污、杂质	
10		填充材料	焊剂	HJ431	碱性高锰高硅低氟焊剂，粒度 8 ~ 14 目，配合 H10Mn2 焊丝，用于低合金钢埋弧焊接
11			烘焙	焊前 350℃，2h	

续上表

序号	流程	类别	项目	技术要求	注释
12	焊前准备	引熄弧板	材质	Q345qD	用于模拟钢腹板的对接埋弧焊
13			规格	100mm×100mm×12mm 共4块	
14		埋弧焊机	型号规格	MZ—1000	
15		焊后保温	材料	3层石棉布	因Q345qD有冷裂纹倾向，焊后采用石棉布遮盖可减少裂纹产生
16	试样点固	焊机	型号规格	NBC—500	用于试板、引弧板的点固
17		焊条	规格型号	ϕ1.6mm ER50—6	其焊缝力学性能与H10Mn2相当
18			烘焙	≥160℃	
19		焊接规范	电流	350A	
20			电压	40V	
21	试焊3次	规范调整	电流	600A、650A、700A	
22			电压	32V、36V、40V	
23			送丝速度	12cm/min、15cm/min、18cm/min	
24			焊接速度	200mm/min、250mm/min、300mm/min	
25			焊后保温	—	
26	试样分析检查	探伤	超声波		
27		切割	等离子切割		
28		观察	断面观察	目视焊缝表面气孔、咬边、波高和余高等	
29		定参数	焊接参数确定：电流、电压、焊速、送丝速度、预热温度		
30	正焊	焊接参数	电流	650A	
31			电压	38V	
32			送丝速度	3~6	
33			焊接速度	250 mm/min	
34			预热温度	—	
35			焊后保温	—	
36	检查	探伤	超声波	BⅡ级	
37		表面检查	目视焊缝表面状态、焊接咬边现象、焊缝波高、宽度和余高等		
38	结论	Q345qD母材采用H10Mn2焊丝、HJ431焊剂进行埋弧水平对接焊，其焊缝的各种力学和机械性能高于母材Q345C的性能，可用于该材料的对接埋弧焊。其焊接规范如序号30~33项所示			
39	注释	做好18~26、28、30~37各项情况的详细记录，并整理归档			

(3)焊接工艺评定:在钢结构构件制作和安装之前按《建筑钢结构焊接技术规程》(JGJ 81—2002)的规定进行焊接工艺评定,并根据评定报告确定焊接工艺参数(表 2-7)。

波形钢腹板对接埋弧自动焊工艺参数表　　　　表 2-7

<table>
<tr><td colspan="2">项　　目</td><td colspan="3">参数及要求</td></tr>
<tr><td colspan="2">母材坡口</td><td>Y 形</td><td>45° ±5°</td><td>2 ~ 3mm 间隙</td></tr>
<tr><td colspan="2">焊前预热</td><td colspan="3">环境温度低于 5℃,或湿度在 80% 以上时,工件焊缝附近预热 80 ~ 120℃</td></tr>
<tr><td colspan="2">坡口表面质量</td><td colspan="3">焊缝周围 50mm 处无污物、锈和其他有碍焊接实施和影响焊缝质量的一切物质</td></tr>
<tr><td colspan="2">板拼装点固焊</td><td colspan="3">手工电弧焊,使用 ϕ1.6mm、ER50—6 焊丝</td></tr>
<tr><td colspan="2">焊丝</td><td colspan="3">ER50—6,表面光洁,无污物</td></tr>
<tr><td colspan="2">焊剂</td><td colspan="3">HJ431,焊前烘焙 350℃2h</td></tr>
<tr><td colspan="2">焊条</td><td colspan="3">J507,焊前预热 120℃2h,保温使用</td></tr>
<tr><td rowspan="3">焊接参数</td><td>电流(A)</td><td>650 ~ 700</td><td colspan="2" rowspan="7">22.5°±5°
12
3~4
尺寸单位：mm
Δ
H
Y形坡口</td></tr>
<tr><td>电压(V)</td><td>38 ~ 40</td></tr>
<tr><td>焊接速度(mm/min)</td><td>250</td></tr>
<tr><td rowspan="4">焊接顺序</td><td colspan="2">第一道焊缝</td></tr>
<tr><td colspan="2">第二道焊缝</td></tr>
<tr><td colspan="2">电弧气刨清根</td></tr>
<tr><td colspan="2">第三道焊缝</td></tr>
</table>

焊接过程如图 2-11 ~ 图 2-13 所示。

图 2-11　定位、预热

图 2-12　正面焊

(4)焊接材料:焊丝采用 ϕ4.0mm 的 H10Mn2,其化学成分与性能见表 2-8。焊剂采用 HJ431,熔炉型高锰高硅低氟焊剂,为玻璃状颗粒,粒度 8 ~ 14 目,配合

图 2-13　清根、反面焊

H108A、H08MnA 及 H10Mn2 等焊丝，符合 GB/T 5293—1999 规定，用于焊接低碳钢和低合金钢的埋弧焊接，其成分与性能见表 2-9。熔敷金属机械性能见表 2-10。因 Q345 钢具有冷裂纹倾向，点固焊（焊缝缺陷的修复）应选用低氢型的焊接材料，同时考虑到焊接接头应与母材等强的原则，选用 ER50—6 型焊丝。化学成分和力学性能见表 2-11、表 2-12。

焊丝化学成分与性能表　　表 2-8

项目	型号 GB	焊丝化学成分（%）								特点与用途
		C	Mn	Si	S	P	Cr	Ni	Cu	
THM—43B	H10Mn2	≤0.012	1.5～1.9	≤0.07	≤0.035	≤0.035	≤0.02	≤0.3	≤0.35	用于厚板的单丝、双丝及多丝的多层焊
厂家		0.070	1.720	0.03	0.015	0.011	0.02	0.01	0.16	
复验		0.087	1.66	0.02	0.009	0.019	0.012	0.007	0.10	

焊剂成分与性能表　　表 2-9

SiO_2 + MnO	CaF + CaO	Al_2O_3 + MgO	S	P
74～82	10～14	9～12	≤0.06	≤0.08

熔敷金属机械性能表　　表 2-10

试验项目	σ_b（MPa）	σ_s（MPa）	δ_5（%）	A_{kr}（J）
保证数值	415～550	≥330	≥22	≥27
实际测量	501	388	30	110

注：焊前须经 250℃左右烘焙 2h，焊缝处必须清除锈、油污、水分等杂质。

ER50—6 型焊丝化学成分表　　表 2-11

元素	C	Mn	Si	S	P	Cr	Mo	V	Ti
含量（%）	0.09	1.55	0.89	0.012	0.012	0.16	0.01	0.01	0.01

ER50—6 型焊丝力学性能表　　表 2-12

机械性能指标	σ_b（MPa）	σ_s（MPa）	δ_5（%）	Ψ（%）	A_{kv}（J）30℃
数值	≥450	520～580	≥20	79	108、89、80

(5)焊接设备:为 MZ—1000 半自动埋弧焊机,设备主要性能见表 2-13。

MZ—1000 半自动埋弧焊机主要性能表 表 2-13

项目名称		单位	型号			
			ZD5—630	ZD5—1000	ZD5—1250	ZD5—1600
电源	输入电源	V/Hz	3～380V±10%,50/60Hz			
	额定输入容量	kV·A	51	66	83	106
	额定输入电流	A	77.6	100	126	161
	额定空载电压	V	75			
	额定焊接电流	A	630	1000	1250	1600
	额定焊接电压	V	44			
	电流调节范围	A	120～630	100～1000	100～1250	200～1600
	额定负载持续率	%	60	100	60	60
	绝缘等级	—	F			
	防护等级	—	IP21S			
	外形尺寸($L\times V\times H$)	mm	905×510×700		950×650×810	
	电源净重	kg	290	370	370	390
小车	使用焊丝直径	mm	$\phi2$、$\phi2.5$、$\phi3$	$\phi3$、$\phi4$、$\phi5$	$\phi3$、$\phi4$、$\phi5$	$\phi3$、$\phi4$、$\phi5$、$\phi6$
	送丝速度	cm/min	144～839	43～250		
	焊接速度	cm/min	0～163			
	机头垂直调节距离	mm	96			
	立柱升降调节距离	mm	120			
	机头左右调节距离	mm	±30			
	小车轮距	mm	300			
	小车轴距	mm	350			
	焊剂容量	L	10			
	外形尺寸($L\times V\times H$)	mm	1030×400×930			
	质量	kg	60			

(6)焊接施工流程:坡口准备→点固焊→预热(表面去潮气)→正面施焊→钢腹板翻面→焊缝清根(电动磨具)→反面施焊→自检/专检→无损检验(焊缝质量二级合格)。

2.2.11 二氧化碳气体保护焊焊接

（1）翼缘板与波形钢板和PBL键的连接焊缝为二级焊缝，采用二氧化碳气体保护焊焊接。

（2）焊接工艺评定试验指导书见表2-14。

焊接工艺评定试验指导书 表2-14

序号	流程	类别	项目	技术要求	注释
1	焊前准备	母板	材质	Q345qD	Q345C 低合金结构钢，综合力学性能、塑性和焊接性良好，热轧或正火状态使用，可用于-20℃以下寒冷地区的各种钢结构
2			数量	4块	
3			预热	去潮气预热	
4			表面清理	电动工具打磨	施焊前去除焊缝边缘30～50mm范围内的铁锈、毛刺等污物，露出钢材金属光泽
5			规格	150mm×200mm×12mm	
6			坡口形式	半V形坡口	
7		填充金属	焊丝	ER50—6	用于厚板的单丝、双丝及多丝的多层埋弧焊，具有良好的焊接熔敷性能和好的机械性能
8			规格	ϕ1.6mm	
9			表面要求	无油污、杂质	
10		保护材料	气体	CO_2	纯度符合标准要求
11			烘焙		
12		引熄弧板	材质		
13			规格		
14		焊机	型号规格	NBC—500	
15		焊后保温	材料	3层石棉布	因Q345C有冷裂纹倾向，焊后采用石棉布遮盖可减少裂纹产生
16	试样点固	焊机	型号规格	NBC—500	用于试板、引弧板的点固
17		焊条	规格型号	ϕ1.6mm ER50—6	其焊缝力学性能与H10Mn2相当
18			烘焙	≥160℃	
19		焊接规范	电流	350A	
20			电压	40V	
21	试焊3次	规范调整	电流	250A、300A、350A	
22			电压	32V 36V 40V	
23			送丝速度	12cm/min、15cm/min、18cm/min	
24			焊接速度	200mm/min、250mm/min、300mm/min	
25			焊后保温	—	

续上表

序号	流程	类别	项目	技 术 要 求	注　　释
26	试样分析检查	探伤	超声波		
27		切割	等离子切割		
28		观察	断面观察	目视焊缝表面气孔、咬边、波高和余高等	
29		定参数	焊接参数确定:电流、电压、焊速、送丝速度、预热温度		
30	正焊	焊接参数	电流	350A	
31			电压	38V	
32			送丝速度	3 ~ 6mm/min	
33			焊接速度	5m/min	
34			预热温度	—	
35			焊后保温	—	
36	检查	探伤	超声波	B Ⅱ级	
37		表面检查	目视焊缝表面状态、焊接咬边现象、焊缝波高、宽度和余高等		
38	结论	Q345qD 母材采用 ϕ1.6mm ER50—6 焊条进行二氧化碳气体保护对接焊,其焊缝的各种力学和机械性能高于母材 Q345C 的性能,可用于该材料的对接焊			
39	注释	做好 18 ~ 26、28、30 ~ 37 各项情况的详细记录,并整理归档			

坡口具体尺寸及波形钢腹板开孔板连接件焊接如图 2-14 所示。

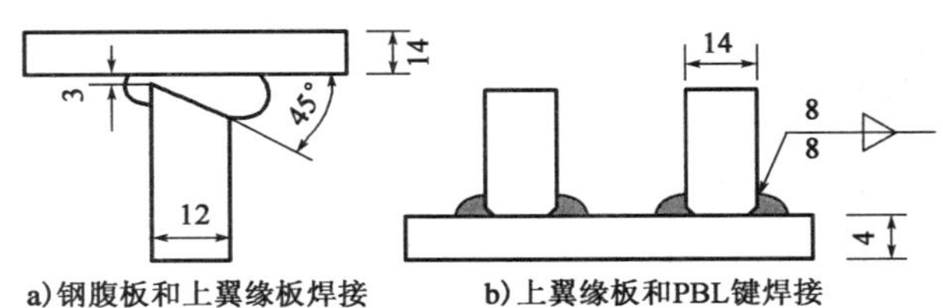

a)钢腹板和上翼缘板焊接　　b)上翼缘板和PBL键焊接

图 2-14　坡口具体尺寸及波形钢腹板开孔板连接件焊接图(尺寸单位:mm)

(3)焊接工艺评定,见表 2-15。

波形钢腹板二氧化碳气体保护焊工艺参数表　　表 2-15

项　　目	参数及要求		
母材坡口	半 V 形	45° ±5°	2 ~ 3mm 间隙
焊前预热	环境温度低于 5°,或湿度在 80% 以上时,工件焊缝附近预热 80 ~ 120℃		
坡口表面质量	焊缝周围 50mm 处无污物、锈和其他有碍焊接实施和影响焊缝质量的一切物质		

续上表

项　　目		参数及要求
板拼装点固焊		采用 CO_2　ER50—6
焊丝		ER50—6 表面光洁没有污物
焊接参数	电流(A)	250 ~ 350
	电压(V)	30 ~ 40
	焊接速度(m/min)	5

(4)焊接材料:焊丝采用 ϕ1.6mm 的 ER50—6,其化学成分与性能见表2-16。

焊丝化学成分与性能表　　表2-16

项　目	型号 GB	焊丝化学成分(%)							
		C	Mn	Si	S	P	Cr	Ni	Mo
THM—43B	ER50—6	0.06 ~ 0.15	1.4 ~ 1.85	0.8 ~ 1.15	≤0.025	≤0.025	≤0.15	≤0.15	≤0.15
厂家		0.08	1.55	0.88	0.010	0.011	0.02	0.01	0.01
复验		0.082	1.47	0.92	0.015	0.009	0.016	0.008	0.002

(5)焊接设备:NBC—500 焊机设备主要性能见表2-17。

焊机主要性能表　　表2-17

型　　号	NBC500		NBC350	
额定输入电压	三相 380 50Hz			
额定输入功率(kV·A)	18.5		14.3	
功率因素	0.85			
绝缘等级	F			
冷却方式	风冷			
空载电压调节范围(V)30 挡	35/16—500/31.5		35/16—350/31.5	
不同负载下持续率(%)	60	100	40	100
输入电流(A)	48.4	28.8	20	12.3
输出电流(A)	500	60	350	220
工作电压(V)	39	17	31.5	25
送丝速度(m/min)	1 ~ 16			

续上表

型　　号	NBC500	NBC350
焊丝直径(mm)	ϕ1.2～2.4	ϕ0.8～1.6
外形尺寸(mm)	650×368×670	
质量(kg)	120	110

(6)焊接施工流程:坡口准备→点固焊→预热(表面去潮气)→对称焊接→自检/专检。

2.3　焊 接 检 验

2.3.1　外观检查

(1)所有焊缝必须在全长范围内进行外观检查,并填写检查记录。所有焊缝不得有裂纹、未熔合、焊瘤、夹渣、未填满及焊漏等缺陷,并应符合表 2-18 的规定。外观检验不合格的焊接构件,在未进行处理并满足要求之前,不得进入下一道工序。

焊缝外观质量标准(mm)　　表 2-18

序号	项目	焊 缝 种 类	质 量 要 求	
1	气孔	横向、纵向对接焊缝	不允许	
		熔透角焊缝等主要角焊缝	直径小于 1.0	每米不多于 3 个,间距不小于 20
		其他焊缝	直径小于 1.5	
2	咬边	受拉部件对接焊缝	不容许	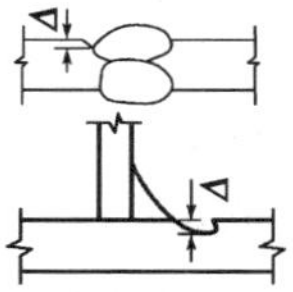
		受压部件横向对接焊缝	≤0.3	
		主要角焊缝	≤0.5	
		其他焊缝	≤1.0	
3	焊脚尺寸	主要角焊缝	K_{0}^{+2}	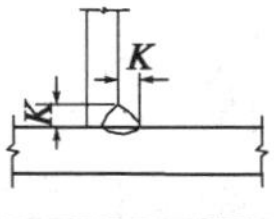
		其他角焊缝	K_{0}^{+2}	
		手工焊全长的 10% 范围内	K_{-1}^{+3}	
4	焊波	角焊缝	h≤2.0(任意 25 mm 范围高低差)	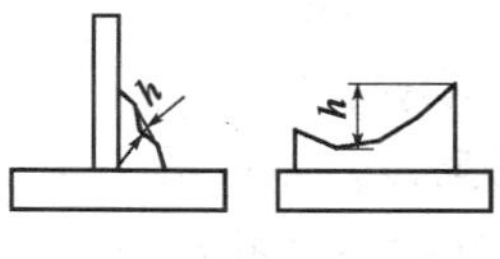

续上表

序号	项目	焊缝种类	质量要求	
5	余高	未除余高的对接焊缝	$h \leqslant 2.0(b \leqslant 20)$ $h \leqslant 3.0(b > 20)$	
		除去余高的对接焊缝	$\Delta_1 \leqslant 0.5$	
			$\Delta_2 \leqslant 0.3$	

(2)圆柱头焊钉焊缝检验:圆柱头焊钉焊完之后,应及时敲掉圆柱头焊钉周围的瓷环进行外观检验。焊钉底角应保证360°周边挤出焊脚。每100个圆柱头焊钉至少抽一个进行弯曲检验,方法是用锤打击圆柱头焊钉,使焊钉弯曲30°,其焊缝和热影响区没有肉眼可见的裂缝为合格;若不合格则加倍检验。

(3)经外观检验合格的焊缝,方可进行无损检验。焊缝的无损检验应在焊接24h后进行。

2.3.2 超声波无损检验

(1)一级焊缝采用超声波无损检验。

(2)检测人员应经过有关部门考核,并取得资格证书。且只能从事资格证书中认定范围内的工作。

(3)探头移动区应清除焊接飞溅、锈蚀、油垢等。探测面的深坑应补焊,然后打磨平滑,以保证良好的声学接触。以便于探头能自由扫查,否则,应进行修磨。

(4)焊缝表面应打磨匀顺,并修补影响判伤的咬边、凹坑等。

(5)依据《钢焊缝手工超声波探伤方法和探伤结果分级》(GB/T 11345—1989),超声波无损检验级别为B级,所有一级焊缝均须探伤,探伤比例为每条焊缝的20%。

(6)距离—波幅曲线按所使用的探头和仪器在RB—2对比试块上实测的数据绘制而成。该曲线族由评定线(EL)、定量线(SL)和判废线(RL)组成。评定线与定量线之间(包括评定线)为Ⅰ区(弱信号评定区),定量线与判废线之间(包括定量线)为Ⅱ区(长度评定区),判废线及其以上为Ⅲ区(判废区),如图2-15所示。不同验收级别的各线灵敏度见表2-19,表中的DAC是以ϕ3mm标准反射体绘制的距离—波幅曲线,即DAC基准线。

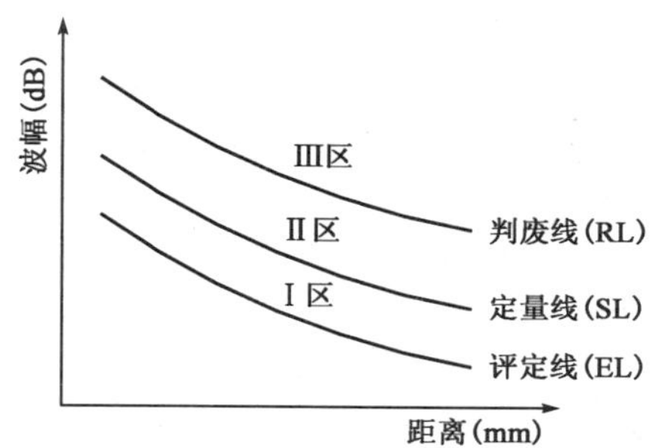

图 2-15　距离—波幅曲线示意图

距离—波幅曲线灵敏度　　表 2-19

DAC \ 级别 / 板厚(mm)	A	B	C
	8 ~ 50	8 ~ 300	8 ~ 300
判废线	DAC	DAC—4dB	DAC—2dB
定量线	DAC—10dB	DAC—10dB	DAC—8dB
评定线	DAC—16dB	DAC—16dB	DAC—14dB

(7)探测横向缺陷时,应将各线灵敏度均提高 6dB。

(8)扫查灵敏度不低于评定线。

(9)探伤方式为斜探头单侧双面探伤(图 2-16)。为探测纵向缺陷,探头垂直于焊缝中心线放置在探伤面上,作锯齿形扫查(图 2-17),探头前后移动的范围应保证扫查到全部焊缝截面及热影响区;保持探头垂直焊缝作前后移动的同时,还应作 10° ~ 15°的左右转动。为探测焊缝及热影响区横向缺陷,可在焊缝两侧边缘使探头与焊缝中心线成 10° ~ 20°作斜平行扫查(图 2-18),扫查灵敏度应提高 6dB。

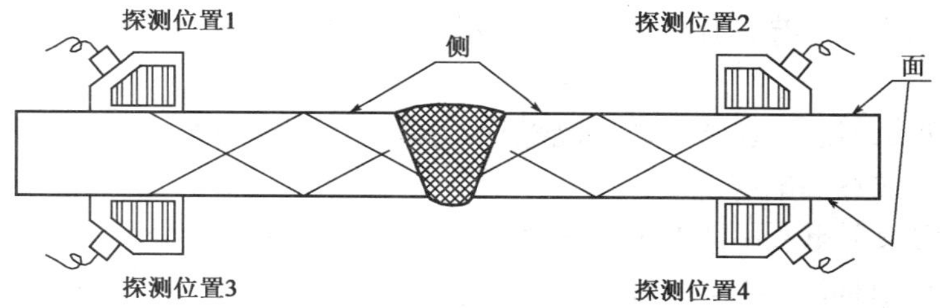

图 2-16　等厚对接焊缝的面和侧示意图

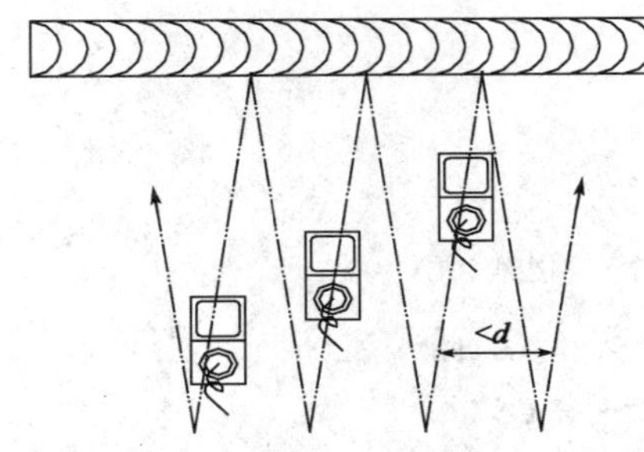

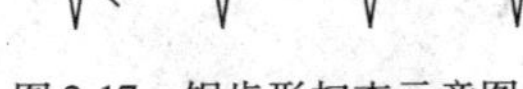

图 2-17　锯齿形扫查示意图

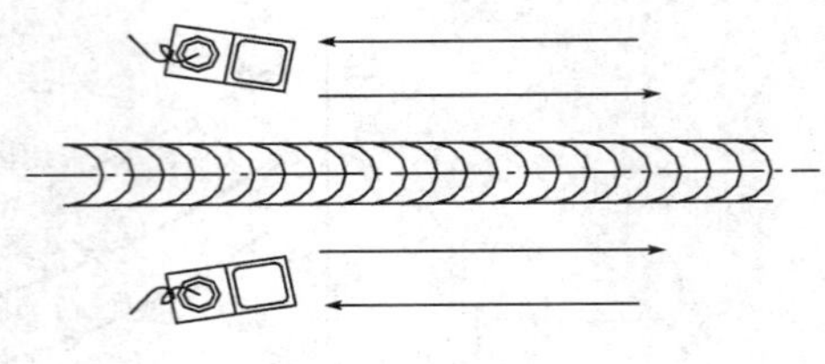

图 2-18　斜平行扫查示意图

(10)为确定缺陷的位置、方向、形状,观察缺陷动态波形或区分缺陷讯号与伪讯号,可采用图 2-19 中前后、左右、转角、环绕等四种探头基本扫查方式。

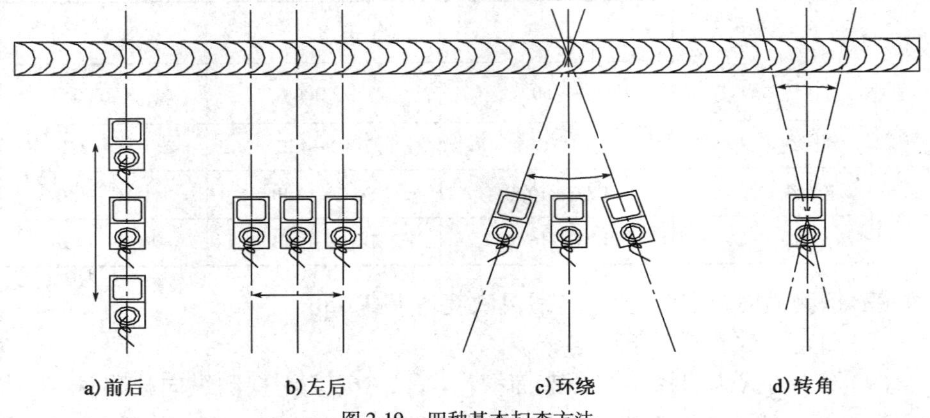

图 2-19　四种基本扫查方法

(11)缺陷当量和指示长度的测定:

①凡缺陷最大反射波波高等于或超过定量线时,或缺陷最大反射波波高等于或超过评定线且缺陷较长时,应对缺陷进行当量和指示长度的测定。

②缺陷当量的测定,测定出缺陷最大反射波与定量线的分贝差值。

③当缺陷反射波只有一个高点时,用降低 6dB 相对灵敏度法测出缺陷指示长度。

④在测长扫查过程中,如发现缺陷反射波峰值起伏变化,有多个高点时,应以端点 6dB 法测出缺陷指示长度。

⑤若对反射讯号不能准确判断时,应辅以其他检验手段进行综合判定。

(12)验收标准(表 2-20):

①不允许存在反射波幅位于Ⅲ区的缺陷。

②最大反射波幅位于Ⅱ区的缺陷，评定等级应达到Ⅱ级以上。

③最大反射波幅位于Ⅱ区的缺陷，其指示长度小于 10mm 时按 5mm 计。

④相邻两缺陷间隔小于 8mm 时，两缺陷指示长度之和作为单个缺陷的指示长度。

⑤如探伤人员能够判定为裂纹、未焊透等危害性缺陷时，无论其波幅和尺寸如何，均判为不合格。

⑥缺陷最大反射波幅位于Ⅰ区，且缺陷指示长度较长时，应对该缺陷进行记录。

⑦在探伤中，当发现不能准确判断的缺陷时，应辅以其他检验方法进行综合判定。

⑧进行局部超声探伤的焊缝，当发现裂纹缺陷或较多其他缺陷时，应扩大该条焊缝探伤范围，必要时可延长至全长。

⑨不合格的缺陷应予以返修，返修后应按原探伤条件进行复验，并应达到以上验收标准的规定。

⑩探伤过程中若发现返修缺陷时，应按焊缝返修规定进行返修，但返修次数不宜超过两次。超过两次时，应分析原因，确定修补方案，并经监理工程师同意后方可进行返修。所有返修部位仍按原探伤方法进行 100% 的无损检测，并应达到相应焊缝的内部质量要求。

缺陷的等级分类　　表 2-20

评定等级 ＼ 检验等级	A	B	C
板厚（mm）	8 ~ 50	8 ~ 300	8 ~ 300
Ⅰ	$\frac{2}{3}\delta$；最小 12	$\frac{\delta}{3}$；最小 10，最大 30	$\frac{\delta}{3}$；最小 10，最大 20
Ⅱ	$\frac{3}{4}\delta$；最小 12	$\frac{2}{3}\delta$；最小 12，最大 50	$\frac{\delta}{2}$；最小 10，最大 30
Ⅲ	$<\delta$；最小 20	$\frac{3}{4}\delta$；最小 16，最大 75	$\frac{2}{3}\delta$；最小 12，最大 50
Ⅳ	超过Ⅲ级者		

注：δ 为板厚。当板厚不同时，按较薄板评定。

2.3.3　其他检验要求

（1）用两种以上方法检验的焊缝，必须达到各自的质量要求，该焊缝方可认为合格。

(2)焊接检验结果应符合附表 C-2 的相关规定。

2.4 矫　　正

(1)冷矫时应缓慢加力,室温不宜低于 5℃,冷矫总变形率不得大于 2%。

(2)热矫时加热温度宜控制在 600 ~ 800℃范围内,严禁过烧,不宜在同一部位多次重复加热。

(3)仅做定位焊或焊缝尚未完成的构件,不宜进行矫正。

(4)构件应在装焊完毕松弛约束后进行矫正。

(5)矫正后的杆件表面不得有凹痕和其他损伤。

(6)杆件矫正的允许偏差应符合附表 C-3 的相关规定。

图 2-20　波形钢腹板矫正

波形钢腹板矫正如图 2-20 所示。

2.5 防 腐 涂 装

2.5.1 涂装前结构处理

(1)用刮刀或砂轮机除去可见飞溅物。

(2)除去钢板表面的油渍、水分等污物。

2.5.2 表面处理

(1)喷砂除锈所用钢砂及钢丸应符合 YB/T 5149—1993、YB/T 5150—1993 的规定,钢砂和钢丸的配比为 30% 的 S390 钢丸与 70% 的 G25 钢砂混合使用。在使用过程中,还可根据喷砂后钢表面清洁度与粗糙度情况对配比进行调整。

(2)在喷砂除锈施工前,应对相对湿度、钢板温度、露点温度进行检测。空气相对湿度须低于 85%,金属表面温度要高于露点以上 3℃才能施工。

(3)喷砂后,其表面清理的除锈等级应达到 GB/T 8923—1988 规定的 Sa2.5 级,表面粗糙度应达到 Rz50 ~ 80μm。

(4)除锈后应在4h内(或钢板表面颜色未产生变化)进行涂装,除锈后湿度较大时应缩短间隔时间。

2.5.3　涂装体系及工艺要求

1)涂装工艺要求

(1)涂装环境要求:环氧富锌底漆温度不得低于10℃,其余涂装环境温度在5～38℃之间,相对湿度80%以下(当与油漆说明书不符时,应执行油漆相应产品施工说明书)。构件表面结露不得涂装,金属表面温度高于露点3℃以上方可施工,涂装后4h内应保护免受雨淋。

(2)涂装施工前,制作厂和涂料供应商应针对每种涂装体系进行专项涂装工艺试验,工艺试验合格后报监理工程师确认方可进行正式涂装施工。

(3)第一道底漆应在表面清理合格后及时完成,各道漆的涂装间隔严格按涂装工艺执行。

波形钢腹板涂装如图2-21所示。

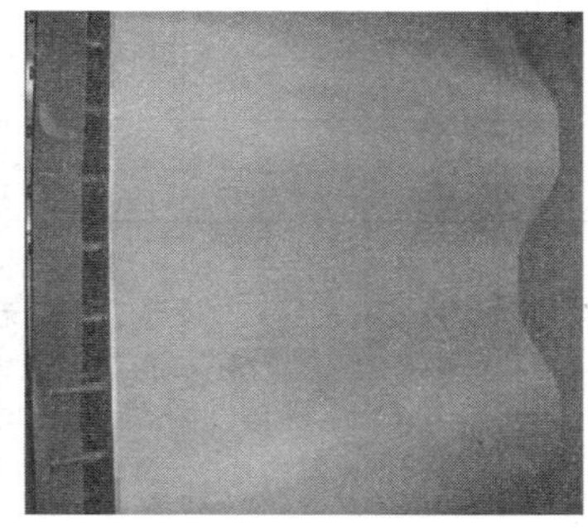

图2-21　波形钢腹板涂装

2)涂装质量要求与检测

(1)漆膜的外观要求平整、均匀,无气泡、裂纹,无严重流挂、脱落、漏涂等缺陷,面漆颜色与比色卡相一致。

(2)涂膜厚度按图纸规定,采用《金属和其他无机覆盖层厚度测量方法评述》(GB/T 6463—2005)的磁性测厚仪进行测量。

(3)漆膜附着力的检验采用《色漆和清漆漆膜的划格试验》(GB/T 9286—1998)进行划格评级,并达到1级以上。

(4)涂装质量检验应符合表2-21的规定。

(5)边腹板外侧所有测点必须有90%达到或超过规定漆膜厚度值,未达到规定膜厚的测点之值不得低于规定膜厚要求的90%；边腹板内侧及中腹板两侧所有测点必须有85%达到或超过规定漆膜厚度值，未达到规定膜厚的测点之值不得低于规定膜厚要求的85%。若不满足上述要求，则须补喷。

(6)涂装允许偏差应符合附表C-4的相关规定。

各工序质量检验要求表　　表2-21

工序	检测项目	检测手段	检验要求	检测数量	标　准
除油	油污、杂质	目测	清除可见油污、杂质	全面	
喷砂	清洁度	图谱对照	Sa3.0	全面	GB 8923—88
	粗糙度	表面粗糙度比较样板或粗糙度	Rz = 50 ~ 80μm	全面	GB/T 13288—2008 GB 6060—2008
涂层	漆膜厚度	用磁性测厚仪	达到规定漆膜厚度	每一构件为一测量单元，大构件以 $10m^2$ 为一测量单元，每个测量单元至少选取3处基准表面，每个基准表面按5点法进行测量	TB/T 1527—2004 GB/T 4956—2003
	附着力	划格法	1级以上	每交验批成品杆件抽测一处	GB/T 9286—98
	外观	目测	漆膜颜色与色卡一致，漆膜无流挂、针孔、气泡、裂纹等缺陷；铝涂层均匀、致密，无未熔化大颗粒，无漏喷现象	在每种涂层指干后全面检查	TB/T 1527—2004

2.6 验　　收

(1)波形钢腹板验收必须使用计量检定、校准合格的计量工具，并应按照有关规定进行操作。

(2)各工序应按照技术标准进行质量控制，每道工序完成后，应进行检查，并形成记录；未经检查或检查不合格的不得进行下道工序生产。

(3)波形钢腹板制作完成后应按照施工图、技术细则及相关规范进行验收。

(4)波形钢腹板出厂时应提交下列文件：

①产品合格证；

②钢材质量证明书或检验报告；

③成品检查记录；

④探伤检查记录；

⑤焊缝重大修补记录；

⑥波形钢腹板发送表。

2.7 包装、存放及运输

(1)波形钢腹板应在涂层干燥后进行包装，包装和存放应保证波形钢腹板不变形、不损坏(图2-22)。

图2-22 波形钢腹板包装、存放

(2)波形钢腹板宜在室内存放，堆放场地应坚实、平整、通风且具有排水措施。支撑处应有足够的承载力，不允许在杆件存放期间出现不均匀沉降。

(3)波形钢腹板存放要分种类码放整齐，不宜过高，叠放块数不宜超过5块。

(4)波形钢腹板间应有适当间隙，便于吊装人员操作和查对。

(5)波形钢腹板在存放场地存储和运输时，应按拼接顺序编号，并按吊运顺序安排储存位置。

(6)运输时，应用钢丝绳将其牢靠固定，应在与钢丝绳接触的边缘加垫，防止损伤波形钢腹板。

(7)包装和发运应按公路、铁路、水运有关规定办理。

第3章 支架、模板工程

3.1 支架搭设方案

支架施工工艺流程:施工准备→测量放样→地基分类处理→支架搭设→支架加固→支架验收→支架预压→现浇箱梁→预应力张拉压浆→支架拆除。

3.1.1 支架基础

现浇支架地基要求牢固、安全、有足够的承载力;支架位置处的地基应避免被水浸湿。

地基处理:先推去地表耕植土,原地进行整平、碾压;在其上再填2层4%石灰土,每一层厚20cm,整平、碾压密实,压实度不小于90%;在其上浇注20cm厚C25混凝土,河道中浇注40cm厚C25混凝土,做好支架搭设前的准备工作。地基处理如图3-1、图3-2所示。

图3-1 岸上支架基础

图3-2 设台阶的支架基础

3.1.2 支架搭设

(1)支架搭设前,必须认真进行技术和安全作业交底,严格按照要求进行,支架、模板设计计算应符合相关规定。同时对支架、配件、加固件按照要求进行检查、验收，严禁使用不合格的支架和配件。钢管应平直，平直度允许偏差为管长的1/500；两端面应平整，不得有斜口、毛口；严禁使用有硬伤（硬弯、砸扁等）及严重锈蚀的钢管。钢管使用前应对其壁厚进行抽检，抽检比例不低于30%，对于壁厚减小量超过10%的应予以报废，不合格比例大于30%的应扩大抽验比例。扣件使用前必须进行检查，有裂缝、变形的严禁使用，出现滑丝的螺栓必须更换。对周转使用的支架及配件要及时进行维修和保养。模板和支架架设必须考虑预应力的施工及张拉空间。

（2）测量放样：采用全站仪架设在附近的控制网点上，采用极坐标法，按施工图纸的要求放出箱梁支架的搭设控制线并及时进行复核。在搭设支架前，先在基础上按照测量控制线弹出支架立杆位置线，垫板和可调底座安放位置要准确，严格按照交底进行，保证支架搭设的位置准确性。

（3）支架搭设：支架安装从一端向另一端进行，并逐层改变搭设方向，不得相对进行。搭设完一步架后，按照规范要求及时检查并调整支架的水平与垂直度，保证其位置的准确性。不配套的支架与配件不得混合使用于同一脚手架。交叉支撑、水平架或脚手板要紧随支架的安装同步设置。满堂支架布置图如图3-3所示。

图3-3　满堂支架

加固杆件、剪刀撑必须与支架同步搭设，横向剪刀撑间距不超过3.6m，纵向剪刀撑在支架外侧各设置一档，腹板底各设一档。剪刀撑的斜杆与地面倾角为45°～60°。水平剪刀撑按每两层设置一道。每片支架设纵向扫地杆，两根通长设置，每层支架依此类推。连接采用扣件的规格应与所连钢管外径相匹配，扣件螺栓拧紧扭力矩宜为50～60N·m，并不得小于40 N·m，各杆件端头伸出扣件盖板边缘长度不应小于100mm。

满堂支架周围要设置栏杆，用安全网围护。四周设置4根接地装置，接地电阻不大于10Ω。

支架的上下两端设有带调节杆的托架，用来按照实际需要调节支架的高度，实际使用时要注意调节杆外伸的长度不宜超过全长1/2。

支架托架上设置纵向分配梁，分配梁采用15cm×15cm的木方，以保证具有足够的强度和刚度，将上面传递来的荷载均匀地分配到支架的立杆。分配梁上设置格栅，格栅采用5cm×10cm的木方，间距30cm。

箱梁底板采用大片的15mm厚的优质覆膜竹胶板，保证箱梁底板平整且具有很好的光洁度。

支架搭设完毕后进行预压、沉降观测记录和变形分析，根据测算的结果设置上层钢管的高度和底模的预拱度。

在搭设支架时，必须考虑人员上下的人行坡道。人行坡道的坡度为1∶3，坡道采用钢管搭设，增设横杆及斜杆。坡道采用折线上升，折返处设平台。坡道及平台上设扶手栏杆，并加挂安全网。

(4)支架验收：支架搭设完毕或分段搭设完毕，及时按照规范要求对支架的搭设质量进行检查，经检查合格后方可交付使用，由单位工程负责人组织有关人员进行检查验收，填写检查验收记录表。

检查验收内容：构配件和加固件是否齐全，质量是否合格，连接和挂扣是否紧固可靠；安全网的张挂及扶手的设置是否齐全；基础是否平整坚实、支垫是否符合规定；垂直度及水平度是否合格；扣件是否拧紧。

(5)在浇注混凝土的过程中，必须有专人负责检查支架。

3.1.3 模板设置

现浇箱梁的模板采用大型竹胶板(包括翼板的模板)，所有模板均在施工现场组拼。为了保证箱梁混凝土表面平整、光滑，且具有相当好的光洁度，采用优质覆膜竹胶板，且保证每一次浇注混凝土时，竹胶板与混凝土的结合面都是崭新的。

底模采用高质量的覆膜竹胶板，根据抄好的高程调节托座高度和搭设最后一道横向钢管，复测托座高程后，铺设15cm×15cm方木，固定好，在纵向方木上铺设5cm×10cm方木，然后铺设厚15mm的覆膜竹胶板，接缝处用胶带粘好，以防止漏浆，保证混凝土外观质量。

按照确定的预拱值铺设底板，钢筋绑扎前，先将模板表面清理干净，并均匀地涂刷专用脱模剂。钢筋绑扎期间，模板上进行保护，以防止污物污染模板面，同时也可避免脱模剂污染钢筋。

模板设置需满足以下要求：

(1)底模安装前复核支架顶部高程。

(2)底模板间的缝隙采用胶带堵缝，不允许用腻子或玻璃胶批嵌，避免混凝土表面颜色、光泽不一致。

(3)模板与钢筋安装工作应配合进行,妨碍绑扎钢筋的模板应待钢筋安装完毕后安设。

(4)安装侧模时,应防止模板移位和凸出。

(5)模板安装完毕后,应对其平面位置、顶部高程、节点联系及纵横向稳定性进行检查,签认后方可浇注混凝土。

(6)浇注混凝土时,发现模板有超过允许偏差变形值的可能时,应及时纠正。

(7)侧模板在安装过程中,必须设置防倾覆设施。

(8)模板允许误差见表3-1。

模板允许误差表 表3-1

项　　目	允许误差(mm)	项　　目	允许误差(mm)
模板高程	±10	模板表面平整度	2
模板内部尺寸	+5	预埋件中心线位置	3
轴线偏位	±10	预留孔洞中心线位置	10
模板相邻两板面的高低差	2		

3.2 支架变形控制

(1)对支架进行预压,消除非弹性变形,并精确测算弹性变形值,为立模预拱提供数据。

现浇支架地基经碾压回填灰土并浇注混凝土后,应该具有足够的承载力及整体性,浇注混凝土前按照设计的要求,采用1.2倍恒载预压。预压采用袋装沙进行(图3-4),整桥梁体质量为:3300.6×2.6+92.7+423.7=9098t,半幅梁体质量为:9098/2=4549t,主桥长度为47+52+47=146m,主桥半幅纵向每米质量为4549/146=31.2t/m。箱梁底板宽为11.85m,顶板宽为16.85m,按均布荷载计算每延米沙袋高度为:1.2×31.2/(16.85×1.6)=1.39m。消除支架非弹性变形及部分地基沉降。预压时逐日对其进行沉降观测,做好记录,预压时首日每隔4h进行一次沉降观测,支架预压时间不少于7d,以连续3d累计沉降不大于3mm视地基已经稳定。为防止污染或损坏竹胶板,在竹胶板上垫一层土工布。

预压前，在底板上每5m一个断面，每个断面的左、中、右设3～5个沉降观测点，做好记号（图3-5），在压载前及压载后进行定期观测。沉降观测采用四等以上的精密水准测量的方法，通过观测，统计出精确的资料数据，最终绘制出支架各处的时间—沉降关系曲线，供施工技术分析判断之用。

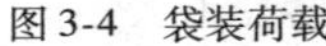

图3-4　袋装荷载

图3-5　布置水准测量点

预压时主要观测的数据有：支架底座沉降（地基沉降）、顶板沉降（支架沉降）、卸载后顶板可恢复量以及支架的侧位移量和垂直度。沉降稳定卸载后算出地面沉降及弹性变形、支架的弹性和非弹性变形数值。根据以上各点对应的弹性变形数值及设计预拱度调整模板的高程。施工控制预拱度计算公式（3-1）为：

$$f = f_1 + f_2 + f_3 \tag{3-1}$$

式中：f_1——地基弹性变形；

f_2——支架弹性变形；

f_3——梁体设计预拱度（设计提供，$f_3 = 10\text{mm}$）。

卸载后，按测得的沉降量及设计高程，重新调整支架和模板高程，以保证混凝土施工后，底模保持其设计高程。比较预压前后支架顶高，校验预拱值设置是否合理，若相差较大，则需调整底模高程。

（2）进行浇梁前后的观测，并在浇筑后3d、7d、15d继续观测，及时地进行分析。

（3）预应力箱梁线形受到不断增加的箱梁自重荷载、混凝土徐变、预应力作用以及日照引起的温差等因素的影响，为控制好线形，施工中应会同设计、监理及监控单位做好施工的动态管理工作。

3.3　支架安全管理与维护

(1)搭设拆除支架必须由专业架子工进行,并按照现行国家标准《特种作业人员安全技术考核管理规则》(GB 5036)和《特种作业人员安全技术培训考核管理规定》(国家安全生产监督管理总局第 30 号令)考核合格,持证上岗。上岗人员要定期进行体检,凡不适于高处作业者,不得上脚手架操作。

(2)所有支架搭设和支架计算严格按照《钢管扣件水平模板的支撑系统安全技术规程》(DG/TJ 08-016—2004)和建筑施工扣件式钢管脚手架安全技术规程》(JGJ 130—2001)进行。

(3)工人在搭设拆除支架时,必须戴安全帽,系好安全带,穿防滑鞋。

(4)操作层上施工荷载要符合设计要求,不得超载;不得在脚手架上集中堆放模板、钢筋等物件。严禁在脚手架上拉缆风绳或固定、架设混凝土泵、泵管及起重设备等。

(5)在大风和雨雾天应停止脚手架的搭设、拆除和施工作业。

(6)对支架由专人负责经常检查和保修工作。拆下的支架及配件要清除杆件及螺纹上的沾污物,并按照规范进行分类检验和维修,按品种、规格分类整理存放,妥善保管。

(7)由于桥梁外侧仍要保证交通(包括便道通行、社会道路通行等),在支架上部两侧必须设置牢固规范的安全网,同时认真教育广大工人,防止重物下坠伤人。在桥梁外侧设置醒目的安全警示标志,并在支架外侧设置警示灯和照明灯,保证夜间的照明。

(8)对所用的设备进行认真检查,保证规范安全使用,大型吊车必须由专人指挥,统一调度。

3.4　模 板 拆 除

模板拆除应符合《公路桥涵施工技术规范》(JTG/T F50—2011)第 5 章规定。

3.4.1　拆除期限的原则规定

(1)模板拆除期限应根据结构物的特点、模板部位和混凝土所达到的强度来决定。

(2)非承重模板应在混凝土强度能保证其表面及棱角不致因拆模而受损坏时方拆除,首先松开模板支撑,然后逐块拆除模板。

(3)预留孔道内模,应在混凝土强度能保证其表面不发生塌陷和裂缝现象时拆除。

(4)当梁体混凝土强度达到设计强度的50%,混凝土芯部与表层、箱内与箱外、表层温度与环境温度之差均不大于5°C,且能保证构件棱角完整时方可拆除侧模和端模。气温急剧变化时不宜进行拆模作业。

3.4.2 拆除时的技术要求

(1)拆除前先清理好拟进入的作业面,然后进行内模拆除,箱内清理干净。再进行侧模及翼板模板拆除,逐段松开并拆除模板支撑,一次松开面积不得过大,逐块拆除模板,并遵循先支后拆、后支先拆的顺序,拆模时严禁抛扔。

(2)拆模时严禁重击或硬撬,避免造成模板局部变形或损坏混凝土棱角,拆除时注意保护模板。

(3)模板拆下后,要及时清除模板表面和接缝处的残余灰浆并均匀涂刷隔离剂,与此同时还要清点和维修、保养、保管好模板零部件,如有缺损及时补齐,以备下次使用。并根据消耗情况酌情配备足够的储存量。

3.5 落　　架

现浇箱梁脱模及卸落支架应按设计程序规定进行,且应符合下列要求:

(1)在梁体张拉完成后,压浆强度达到设计强度,方可拆除支架和底模。拆除支架前,先清除脚手架上的材料、工具和杂物。拆除支架应设置警戒区和警戒标志,并由专职人员负责警戒。

(2)为防止混凝土裂缝和边棱破损,并满足局部强度要求,先拆中跨,再拆边跨。卸架时应先卸悬臂部分,再从跨中向两边对称卸架。支架卸除宜分两次进行,第一次先从跨中对称向两端松一次架,然后再从跨中对称向两端卸除,以防过大冲击。

(3)落架完成后凿除箱梁顶面浮浆、洗净箱梁顶面,待全桥箱梁浇筑完毕,支架全部拆除后再浇注桥面混凝土。

(4)在统一指挥下,支架拆除一般按照预定的拆卸顺序进行。还应该按照从一端向另一端、自上而下逐层进行;同一层的构配件和加固件应按照先上后下、先外后里的顺序进行。同时在拆除过程中,支架的悬臂高度不得超过两步;

水平杆和剪刀撑等必须在支架拆卸到相关支架时方可拆除。

（5）工人必须站在临时设置的脚手板上进行拆卸作业，并按照规定使用安全防护用品。拆除过程中，严禁使用榔头等硬物击打、撬挖。拆卸连接部件时，应先将锁座上的锁板与卡钩上的锁片旋转至开启位置，然后开始拆除，不得硬拉，严禁敲击；拆下的支架、钢管与配件，成捆用机械吊运传至地面，防止碰撞，严禁抛掷。

第4章 钢筋工程

钢筋和各种预埋件的安装应符合《公路桥涵施工技术规范》(JTG/T F50—2011)相关规定。

4.1 钢筋制作安装要求

(1)钢筋进场后应进行外观检查和工地试验室抽查、检查,各项指标均符合规范及监理工程师认可后方可使用。

(2)下料前,所有钢筋必须经过调直。钢筋弯曲使用弯曲机在加工场地统一集中弯制,弯制后编号分类堆放。

(3)钢筋的弯制和末端的弯钩应满足设计要求。

(4)钢筋焊接前,必须根据施工条件进行试焊,合格后方可正式施焊。焊工必须持考试合格证上岗。

(5)凡施焊的各种钢筋均应有材质证明书或试验报告单。焊条、焊剂应有合格证,各种焊接材料的性能应符合现行《钢筋焊接及验收规程》(JGJ 18)的规定。各种焊接材料应分类存放和妥善管理,并应采取防止腐蚀、受潮变质的措施。

(6)受力钢筋焊接或绑扎接头应设置在内力较小处,并错开布置,对于绑扎接头,两接头间距离不小于1.3倍搭接长度。对于焊接接头,在接头长度区段内,同一根钢筋不得有两个接头。同一截面内受拉钢筋接头面积占钢筋总截面积的最大百分率,焊接时50%,绑扎时25%。

(7)电弧焊接和绑扎接头与钢筋弯曲处的距离不应小于10倍钢筋直径,也不宜位于构件的最大弯矩处。

(8)焊接时,对施焊场地应有适当的防风、雨、雪、严寒设施。冬期施焊时应按《公路桥涵施工技术规范》(JTG/T F50—2011)中冬期施工的要求进行,低于-20℃时,不得施焊。

(9)当钢筋和预应力管道或其他主要构件在空间上发生干扰时,可适当移动普通钢筋的位置,以保证钢束管道或其他主要构件位置的准确。钢束锚固处的普通钢筋如影响预应力施工时，可适当弯折，待预应力施工完毕时后及时恢复原位。施工中如发生钢筋空间位置冲突，可适当调整其布置，但应确保钢筋的净保护层厚度。

（10）如锚下螺旋筋与分布钢筋相干扰时，可适当移动分布钢筋或调整分布钢筋的间距。

（11）锚块内的钢筋与底板钢筋采用点焊连接；底板预应力钢束穿过锚块时切断的普通钢筋应按照等强原则予以补强，并与顶、底板钢筋焊接。箱梁顶、底板内竖向拉筋要求必须勾住板的顶面横桥向钢筋及底面横桥向钢筋并焊接或绑扎牢固，拉筋弯折角度要求不小于135°。

（12）施工技术员要跟班作业，随时检查控制钢筋的位置。钢筋成型及钢筋位置允许偏差见表4-1、表4-2。

钢筋成型允许偏差表 表4-1

项　　目	允许偏差（mm）
受力钢筋顺长度方向加工后的全长	±10
弯起钢筋各部分尺寸	±20
箍筋各部分尺寸	±5

钢筋位置允许偏差表 表4-2

项　　目	允许偏差（mm）
受力钢筋间距	±10
箍筋与构造筋间距	0，-20
弯起钢筋位置	±20
保护层厚度	±5

4.2 钢 筋 安 装

（1）固定成型底板钢筋前，应在底模上标出钢筋的位置（图4-1）并刷隔离剂；绑扎成型后，垫好保护层混凝土垫块。横隔板、横隔梁钢筋就位并与底板钢筋绑扎，安装侧模保护层垫块。底板钢筋布置如图4-2、图4-3所示。

（2）底板下层钢筋形成整体后，应及时安装保护层垫块，以免到后期骨架重量增加而使其安装困难，用撬棍安装时撬棍下应垫以小木板以免损伤模板。

（3）当底板的上下层钢筋之间未设计架立筋或架立筋不足以支撑施工荷载及上层钢筋自重时，上下层钢筋之间应设马凳或增加架立筋。

（4）靠模板一侧所有绑丝扣应朝向箱梁混凝土内侧。

(5)保护层垫块应具有足够的强度和刚度;使用混凝土预制垫块时,必须严格控制其配合比,配合比及组成材料应与梁体一致,保证垫块强度及色泽与梁体相同。

(6)底板顶层钢筋安装时应预留好横隔板箍筋,以便横隔板与底板相连紧密。摆放底板上层钢筋支撑马凳,用粉笔在马凳及模板上放出底板上层纵横向钢筋准确位置。将底板上层钢筋逐根就位并对所有交叉点进行绑扎,并将其与横隔梁及腹板钢筋绑扎。

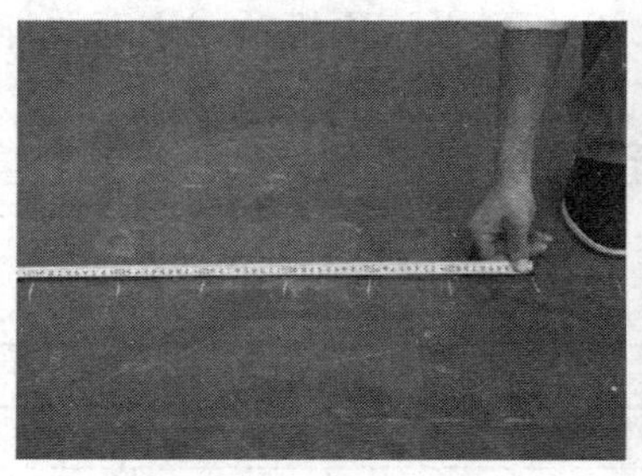

图 4-1　底板钢筋放样

图 4-2　底板钢筋

图 4-3　腹板处底板钢筋

4.3　横隔板、横隔梁钢筋、转向器安装

(1)横隔板钢筋要与底板预留钢筋连接可靠,横隔板钢筋布置如图 4-4 所示。

(2)在绑扎箱梁两端横隔板钢筋时,要特别注意箱梁内端头钢筋成型,防止端横隔板、喇叭筒锚具和箱内端头钢筋三者交叉。

(3)绑扎横隔板钢筋的同时,必须把箱梁端头喇叭筒锚具安装就位,利用转向器准确预留孔道。

(4)安装锚具后,按箱梁的钢绞线设计坐标准确定位,并用钢筋固定。

(5)转向器是影响钢绞索张拉和箱梁受力的重要部位,安装时按图纸设计高程和曲线准确定位,特别要注意转向器的安装方向。转向器大样及定位如图 4-5所示。

(6)各种预埋件上印有型号标记,根据箱梁位置和锚具规格对号安装。

(7)在浇注混凝土前,应对已安装好的钢筋及预埋件进行检查。

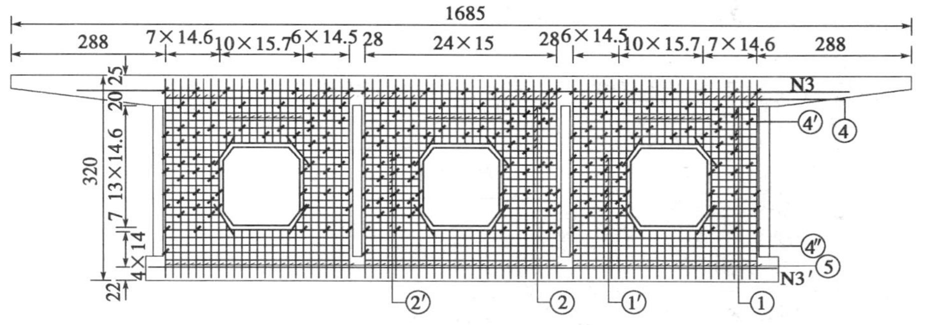

图 4-4　横隔板钢筋布置(尺寸单位:cm)

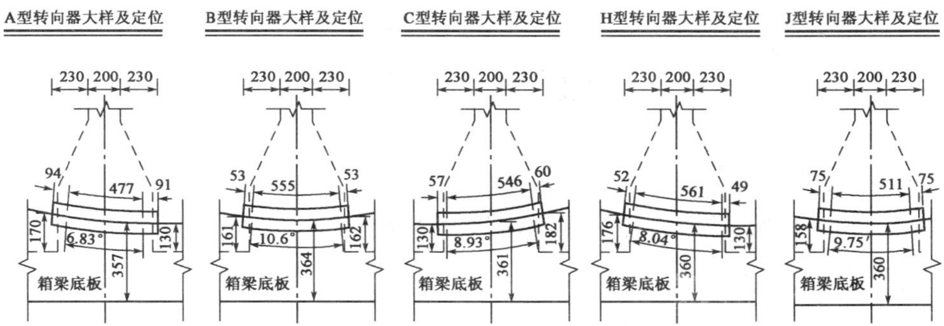

图 4-5　转向器大样及安装定位(尺寸单位:mm)

第 5 章　波形钢腹板现场安装

5.1　波形钢腹板安装工艺流程

边腹板安装工艺流程如图 5-1 所示,中腹板安装工艺流程如图 5-2 所示。

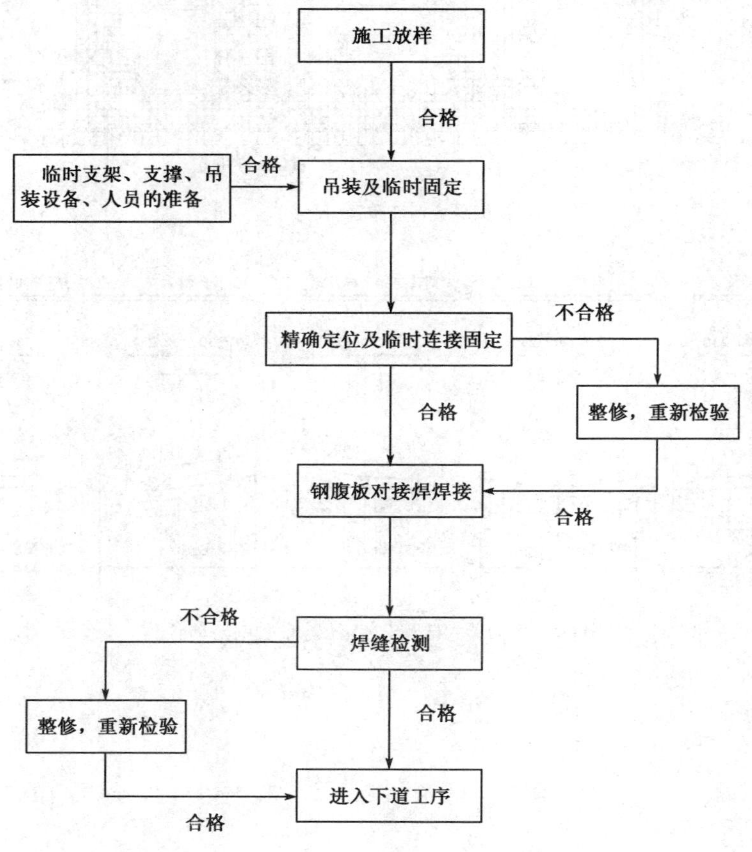

图 5-1　边腹板安装工艺流程图

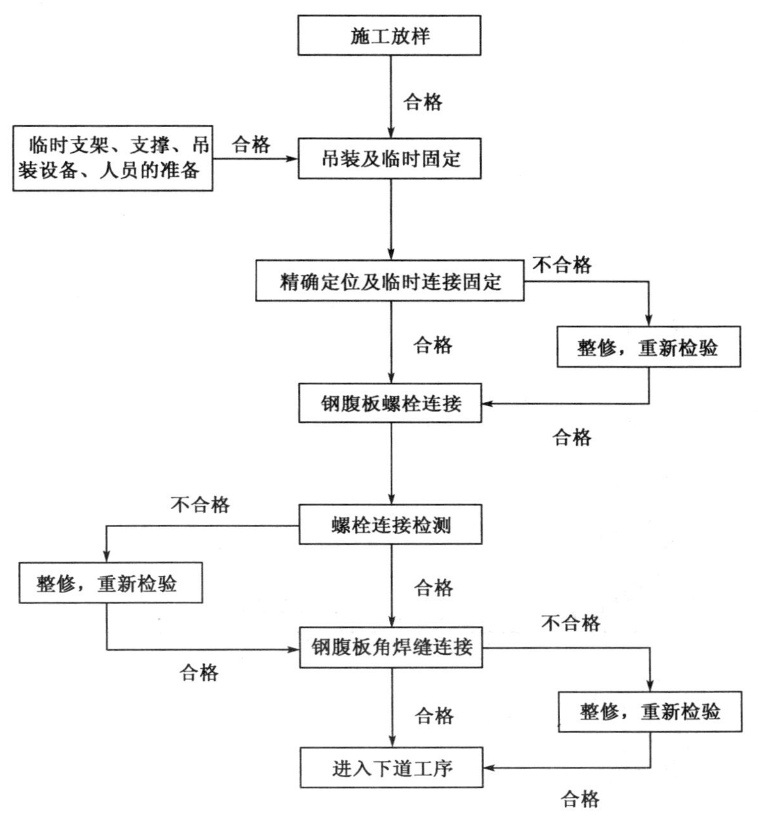

图 5-2　中腹板安装工艺流程图

5.2　波形钢腹板现场安装施工工艺

波形钢腹板安装、架设精度，对桥梁的线形和受力性能会产生很大影响。其安装质量按表 5-1 控制。

1）安装准备

安装前应准备好临时支架、支撑、吊装设备等，按照施工图纸核对进场构件、零件的尺寸及质量证明文件。同时做好波形钢腹板螺栓连接摩擦面处理、安装放样工作，确认无误后方可进行。

2）边腹板现场分段水平焊接拼装

（1）按照中跨边腹板拼装图，如图 5-3 所示，采用二氧化碳气体保护焊，水平分八段拼装,即F型钢板+C型钢板→2块A型钢板→2块A型钢板→2块A型钢板→2块A型钢板→2块A型钢板→2块A型钢板→C型钢板+F型钢板。

波形钢腹板预应力混凝土箱梁桥钢腹板安装实测项目　　表5-1

<table>
<tr><th>项次</th><th colspan="2">检 查 项 目</th><th>规定值或允许偏差</th><th>检查方法和频率</th></tr>
<tr><td>1</td><td colspan="2">跨度 L(mm)</td><td>-20,+50</td><td>全站仪或钢尺:测两支座中心线距离</td></tr>
<tr><td>2</td><td colspan="2">高程(mm)</td><td>±10</td><td>水准仪或钢尺</td></tr>
<tr><td>3</td><td colspan="2">腹板中心距(mm)</td><td>±20</td><td>尺量:检查两腹板中心距</td></tr>
<tr><td>4</td><td colspan="2">横断面对角线差(mm)</td><td>±30</td><td>尺量:检查两端断面</td></tr>
<tr><td>5</td><td colspan="2">拱度(mm)</td><td>+10,-5</td><td>拉线用尺量:检查跨中</td></tr>
<tr><td>6</td><td colspan="2">扭曲(mm)</td><td>每米≤1,且每段≤10</td><td>置于平台,四角中有三角接触平台,用尺量另一角与平台间隙</td></tr>
<tr><td rowspan="3">7</td><td rowspan="3">连接</td><td>焊缝尺寸</td><td rowspan="2">符合设计要求</td><td>量规:检查全部</td></tr>
<tr><td>焊缝探伤</td><td>超声:检查全部
射线:按设计规定,设计未规定时按10%抽查</td></tr>
<tr><td>高强螺栓扭矩</td><td>±10%</td><td>测力扳手:检查5%,且不少于2个</td></tr>
</table>

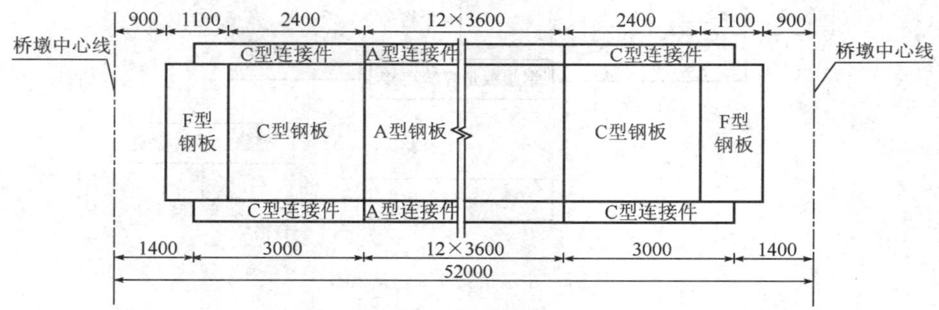

图5-3　中跨边腹板拼装图(尺寸单位:mm)

(2)按照边跨边腹板拼装图,如图5-4所示,采用二氧化碳气体保护焊,水平分七段拼装,即F型钢板+ A型钢板→2块A型钢板→2块A型钢板→2块A型钢板→2块A型钢板→2块A型钢板→A型钢板+F型钢板。

3)中腹板现场分段水平焊接拼装

(1)按照中跨中腹板拼装图,如图5-5所示,采用二氧化碳气体保护焊,水平分八段拼装,即F型钢板+D型钢板→2块B型钢板→2块B型钢板→2块B型钢板→2块B型钢板→2块B型钢板→2块B型钢板→D型钢板+F型钢板。

(2)按照边跨中腹板拼装图,如图5-6所示,采用二氧化碳气体保护焊,水平分七段拼装,即F型钢板+E型钢板→2块B型钢板→2块B型钢板→2块B型钢板→2块B型钢板→2块B型钢板→E型钢板+F型钢板。

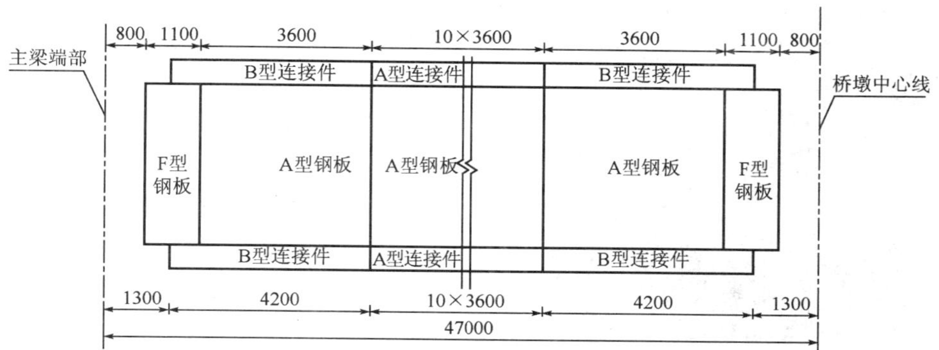

图 5-4　边跨边腹板拼装图(尺寸单位:mm)

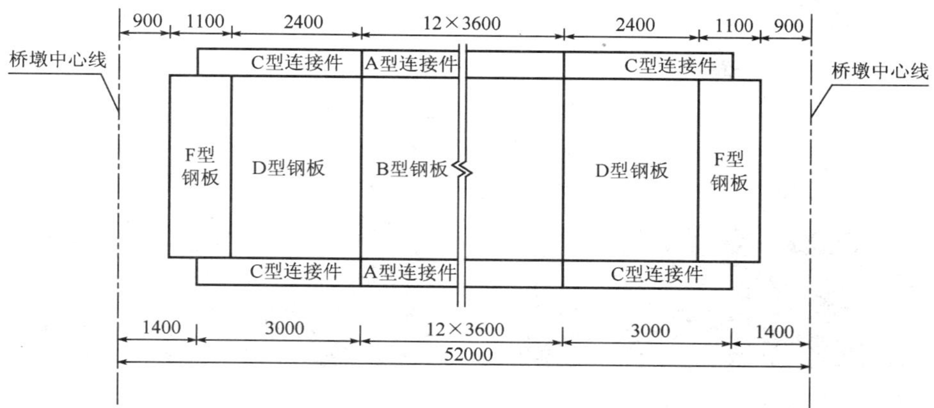

图 5-5　中跨中腹板拼装图(尺寸单位:mm)

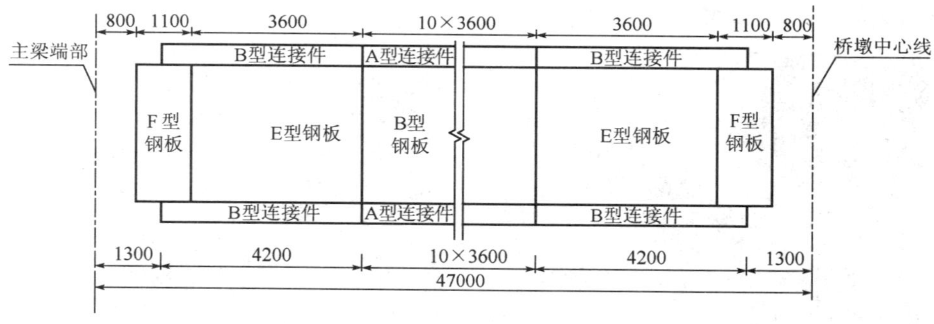

图 5-6　边跨中腹板拼装图(尺寸单位:mm)

图5-7　装卸钢腹板

4）吊装及临时固定

采用塔吊或汽车吊吊起，人工配合作业的方法吊装，如图5-7～图5-9所示。腹板两侧及翼缘板底部设置支撑，保证钢腹板的位置准确。

（1）在底模板上标记出底板钢筋和钢腹板位置，以防底板钢筋与波形钢腹板的下翼缘板栓钉互相干扰，并能确保横隔板位置准确。

（2）先绑扎箱梁底板钢筋，然后人工配合塔吊吊装钢腹板精确就位，先安装边腹板，然后安装中腹板。

图5-8　吊装钢腹板

图5-9　波形钢腹板的安装

（3）边腹板就位后，以临时斜撑固定，再吊装中腹板准确就位，在边腹板与中腹板之间设置临时支撑以保证钢腹板的定位准确，如图5-10、图5-11所示。

图5-10　边腹板临时固定

图5-11　中腹板临时固定

在钢腹板下设临时千斤顶调整高程，以上下可调横撑微调钢腹板位置和线形，然后每隔5m在腹板顶端设置横拉钢筋及加强方木，把每一块钢腹板准确地调整到图纸设计位置，固定钢腹板后撤去千斤顶，如图5-12、图5-13所示。

图5-12　千斤顶调高程

图5-13　剪刀撑固定

波形钢腹板支撑时的注意事项：

（1）组合钢腹板前应搭好支撑钢管架。

（2）计算好箱梁内尺寸断面；用钢管制成模型控制钢腹板组成的箱梁断面形状。

（3）用拉杆螺丝和内支撑组合每块钢腹板，并焊接。内支撑沿纵向每3m左右焊一处。

（4）焊接前后要及时校正钢腹板，使钢腹板上缘外面保持在一条直线上，要挂线作业。要靠外撑杆、拉杆螺丝、内支撑和大头楔校正。此钢腹板弹性大，一般变形钢腹板块件组合后均能校正。

（5）设计图中所标尺寸均为20℃时的尺寸。工厂制造中所使用的量具和仪器上的计量结构，经检查合格后方可使用。

（6）严格控制各波形板段横向总体尺寸和螺栓孔尺寸，各节段间接口的相对公差控制在表5-1允许范围之内，以利各接口的顺利栓接（焊接）。在完成节段的制造运输后，进行节段的拼装时应控制立面线形及梁长。节段的长、宽、高，螺栓的纵、横向间距，预拼装全长、拱度等偏差也要控制在表5-1允许的范围内。

（7）对于中腹板，要检查螺栓孔的配合情况，合格后，牢固固定，且保证螺栓连接、焊接连接和混凝土浇注等施工过程中，钢腹板不移位、不变形，如图5-14～图5-17所示。

图 5-14　波形钢腹板定位支撑(一)

图 5-15　波形钢腹板定位支撑(二)

图 5-16　波形钢腹板可调支撑脚(一)

图 5-17　波形钢腹板可调支撑脚(二)

5)安装验收

钢腹板定位自检合格后,请监理工程师按要求验收,验收合格后方可进行焊接连接工作。

6)边腹板现场立焊工艺

工地焊接工作之前,要对有资格的焊接人员进行培训,熟悉焊接工艺要求,明确焊接工艺参数,并对焊工进行技术交底,进行焊接工艺评定试验,合格后方可进行焊接施工(图 5-18)。

(1)焊接准备:施焊前连接接触面和焊缝边缘每边 30 ~ 50mm 范围内的铁锈、毛刺、污垢、冰雪等污物应清除干净,露出钢材金属光泽。

(2)对接焊连接:对接焊连接采用施工方便、保证质量的二氧化碳气体保护焊的焊接方法施工。焊接时除符合焊接准备的要求外,还应符合下列要求:

①在施焊周围设立挡风防雨围挡(图 5-19),防止风雨对焊接质量影响。

②施焊时母材的非焊接部位严禁焊接引弧。

③多层焊接宜连续施焊,应注意控制层间温度,每一层焊缝焊完后及时清理检查,清除药皮、熔渣、溢流和其他缺陷后,再焊下一层。

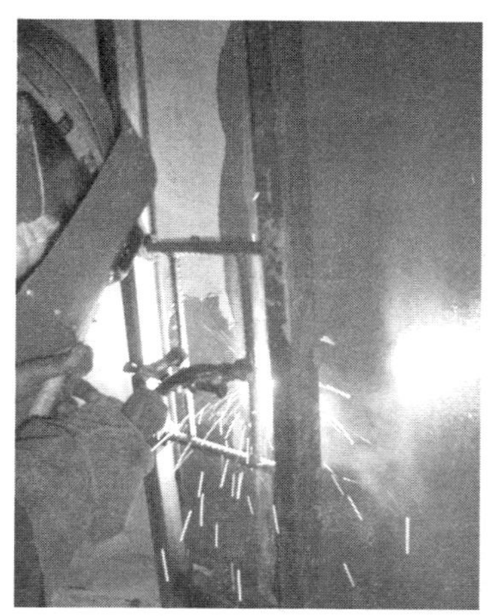

图 5-18　现场立焊施工

图 5-19　立焊施工防风棚

(3)焊缝检查:

①焊缝的外观检验:焊接完毕,所有焊缝必须进行外观检查,不得有裂纹、未熔合、夹渣、未填满弧坑和超出规定的缺陷。表 5-2 为焊接质量检查表。

焊接质量检查表　　表 5-2

序　号	项　目	质 量 要 求
1	气孔	直径小于 1.0mm,每米不多于 3 个,两点间距≥20mm
2	咬边	≤0.5mm
3	余高	≤4mm
4	焊脚尺寸偏差	0 ~ 2mm
5	角焊缝焊波	任意 25mm 范围内高低差≤2.0mm

②超声波探伤:焊缝外观检查合格后,对焊缝 100% 超声波探伤,探伤部位、检验等级和质量验收级别按《公路桥涵施工技术规范》(JTG/T F50—2011)的要求进行。检测结果符合现行国家标准《钢焊缝手工超声波探伤方法和探伤结果分级》(GB 11345)规定。外观检查和超声波探伤合格后,方可进行下道工序。

7)中腹板螺栓和角焊缝合用连接施工工艺

(1)施工准备:施工前高强螺栓副连接应按出场批号复验扭矩系数,修整螺栓孔内的毛刺、污物等影响螺栓预拉力的因素。保证高强螺栓能顺利穿入孔内,扭矩扳手在作业前应进行校正,其扭矩误差不得大于使用扭矩的 ±5% 。

(2)螺栓连接:安装螺栓时应顺畅穿过螺孔,不得强行敲入,穿入方向全桥一致,螺栓轴线垂直于钢板表面。

高强螺栓连接施工时从跨中的连接缝开始，对称向两端进行。

采用扭矩法拧紧高强度螺栓连接副，初拧、复拧和终拧应在同一日内完成（图5-20）。初拧应由试验确定，一般为终拧扭矩的50%。终拧扭矩应按式（5-1）计算：

$$T_c = K \cdot P_c \cdot d \tag{5-1}$$

式中：T_c——终拧扭矩（N·m）；

K——高强度螺栓连接副的扭矩系数平均值（试验确定）；

P_c——高强螺栓的施工预拉力（kN）；

d——高强螺栓公称直径（mm）。

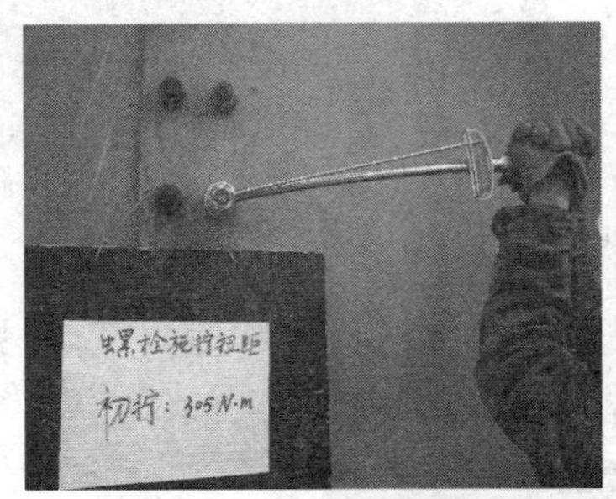

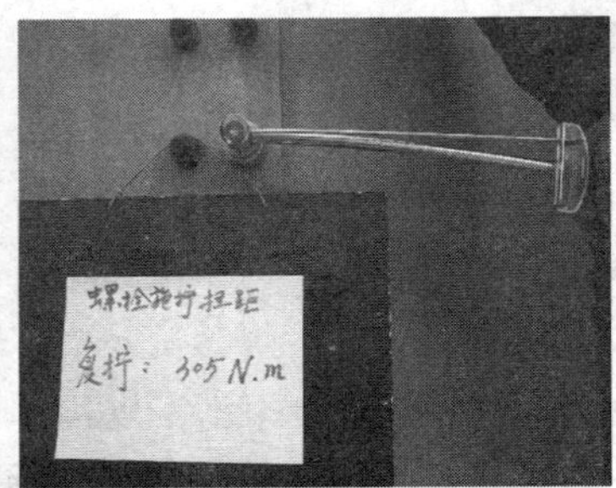

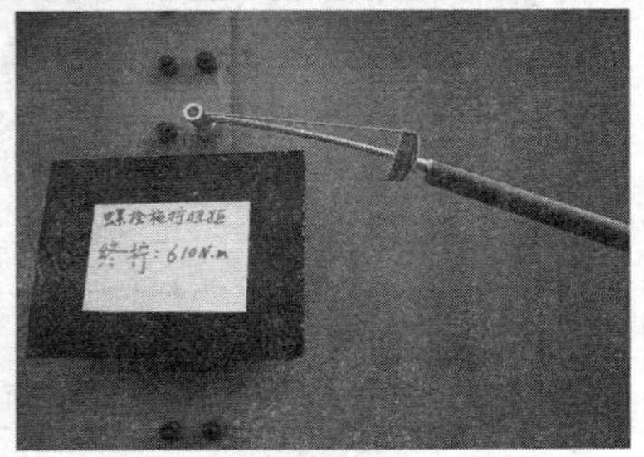

图5-20　高强度螺栓连接副的初拧、复拧和终拧

（3）螺栓连接检查：

检查由专职质量检查员进行，检查扭矩扳手必须标定，其扭矩误差不大于使用扭矩的±3%，且进行扭矩抽查。

松扣、回扣法检查，先在螺栓与螺母上做标记，然后将螺母退回到30°，再检查扭矩扳手把螺母重新拧至原来的位置测定扭矩，该值不大于规定值的10%时为合格。

（4）角焊缝连接：施工准备、焊接施工、检验内容与对接焊基本一样。

（5）对焊缝与高强度螺栓合用连接检验合格后方可进行下道工序。

5.3　现场涂装施工

现场涂装施工的工艺流程如图 5-21 所示，效果如图 5-22 所示。

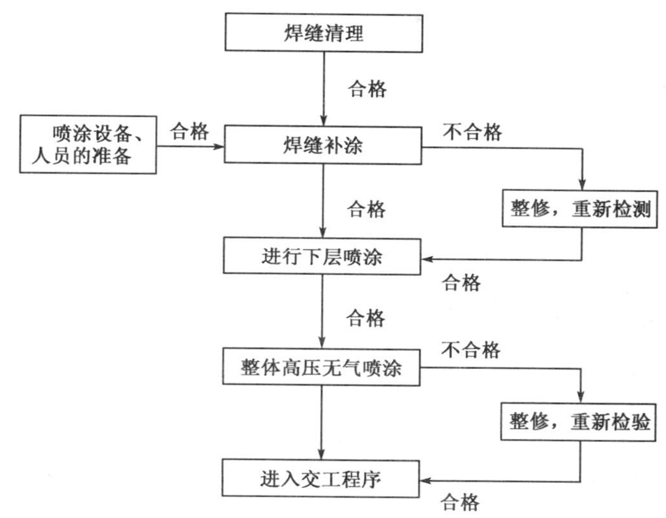

图 5-21　现场涂装工艺流程图

（1）涂装前，先对焊缝表面及焊缝两边进行处理，清除表面的锈迹、焊渣、氧化皮、油脂等污物，表面呈现出均匀金属光泽。

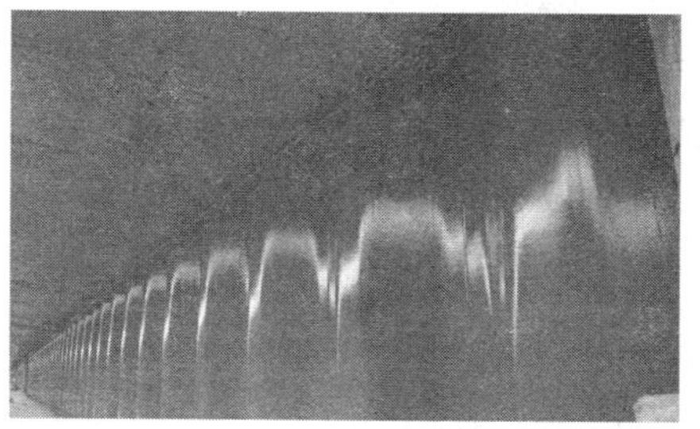

图 5-22　现场涂装效果

对于边腹板用合适宽度的滚筒刷，在焊缝及焊缝两边先刷两道有机富锌底漆，厚度达到 120μm；然后刷环氧云铁防锈漆两道，总厚度 80μm；最后用高压无气喷涂机对整个边腹板喷涂丙烯酸脂肪族聚氨酯面漆两道，每道厚度 40μm。

对于中腹板用合适宽度的滚筒刷，在焊缝及焊缝两边先刷一道 LS—1 水性无机环氧富锌涂料，厚度达到 100μm；然后再用高压无气喷涂机对整个中腹板喷涂环氧漆一道，厚度 100μm；最后用高压无气喷涂机对整个内腹板丙烯酸脂肪族聚氨酯面漆两道，厚度 80μm。

(2)现场喷涂施工中的注意事项:

①涂装前进行表面处理的质量检查,合格后方可进行涂装。涂装时,涂膜厚度和遍数应符合设计要求,及时测定湿膜厚度,保证干膜厚度。

②涂层表面完整光洁,均匀一致,无破损、气泡、针孔、凹陷、麻点和皱皮等缺陷。涂后漆膜颜色一致。发现漏涂、流挂发白、皱纹、针孔、裂纹等缺陷,及时进行处理。

(3)现场涂装检验:波形钢腹板涂装质量检验应满足表5-3的要求。

波形钢腹板防护涂装实测项目 表5-3

项次	检查项目		规定值或允许偏差	检查方法和频率
1	除锈清洁度		符合设计规定,设计未规定时,Sa2.5(Sa3)	比照板目测:100%
2	粗糙度(μm)	外表面	70~100	按设计规定检查,设计未规定时,用粗糙度仪检查,每段检查6点,取平均值
		内表面	40~80	
3	总干膜厚度(μm)		符合设计要求	漆膜测厚仪检查
4	附着力(MPa)		符合设计要求	划格或拉力试验:按设计规定频率检查

注:项次3的检查频率按设计规定执行,设计未规定时,每$10m^2$测3~5个点,每个点附近测3次,取平均值,每个点的量测值如小于设计值应加涂一层涂料,每涂完一层后,必须检测干膜总厚度。

第6章　混凝土工程

6.1　混凝土浇注

混凝土浇注应符合《公路桥涵施工技术规范》(JTG/T F50—2011)第6章规定。

1)混凝土配合比的要求

根据设计的要求,采用低水灰比,其配合比需经严格试配,满足要求后才能进行混凝土浇注。

一般要求为:混凝土的坍落度为16~18cm;5d强度达到设计强度90%以上;拌制的混凝土应均匀,其流动性、和易性要好,以方便泵送。

2)混凝土浇注

混凝土浇注前,对支架系统、模板、钢筋、波纹管及其他预埋件进行认真检查。混凝土浇注过程中,还必须不断地进行检查观测。

浇注时横向要两侧对称进行。纵向从梁跨中向墩顶方向对称浇注,以防止在浇注过程中墩顶位置出现裂缝,全部浇注在混凝土初凝前完成。

混凝土分四次浇注,1、2、3、4区从跨中0号位开始对称浇注,如图6-1所示。

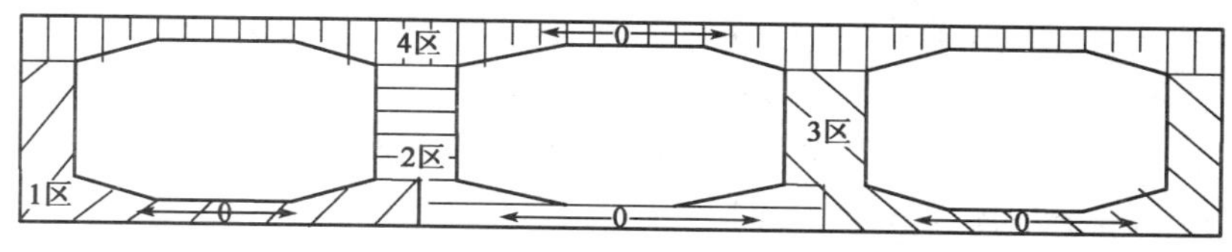

图6-1　混凝土浇注顺序图

混凝土振捣采用插入式振捣器为主,浇筑顶板时辅以平板振捣器。振捣时,应避免振捣器碰撞模板、钢筋、波纹管及其他预埋件。混凝土振捣应密实,不漏振、欠振或过振。当混凝土浇注临近结束时,严格控制其顶面的高程。箱梁顶表面的混凝土应压实抹平,并在其初凝前进行拉毛处理。

3)特殊部位的浇注

特殊部位的浇注如图6-2所示。转向器、锚具周围振捣要距离其10cm左右，防止扰动其位置。要实行二次振捣，确保锚下混凝土密实。

横梁处混凝土在底板混凝土稍沉实后分层浇注，分层厚度30cm左右，每层混凝土振捣时深入下层5～10cm。

下翼缘板下混凝土，两边模板与钢板均间距10cm，保证下料和振动工作面，并设翻边模板使浇注时混凝土面能高于下翼缘板，振捣时观察混凝土从翼缘板另一侧翻出，并采用二次振捣，以保证翼缘板下混凝土密实，振捣完成后铲除翼缘板两侧多余混凝土并压光混凝土面。

箱梁顶板混凝土浇注如图6-3所示。

图6-2　特殊部位浇注

图6-3　箱梁顶板混凝土浇注

6.2　混凝土养护

混凝土养护应符合《公路桥涵施工技术规范》(JTG/T F50—2011)第6章规定，并注意：

(1)混凝土浇注完成并初凝后，应立即开始洒水养护(图6-4)。

(2)混凝土浇注完成后，及时遮盖，使混凝土表面不受日晒、雨水、流水、温度变化、污染或机械撞击的影响。

(3)养护配专人负责，做到细水匀浇，保持表面湿润。混凝土养护时间，根据水泥品种、气温高低、结构类型、尺寸大小等条件确定。连续养护时间一般为7～14d。

图6-4　覆盖洒水养生

（4）梁体经养护后，随梁养护的试件强度达到设计强度的90%，即可进行预应力施工。

6.3 混凝土与钢腹板连接处防水处理

为了防止水分进入混凝土与钢腹板连接处，采用硅质耐候性密封胶对其连接处进行封堵（图6-5）。

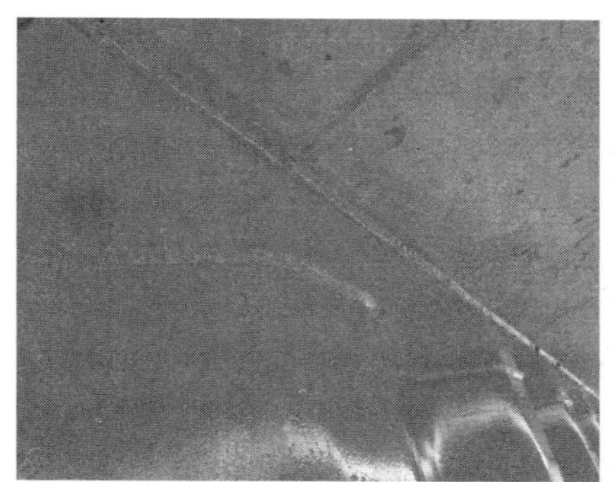
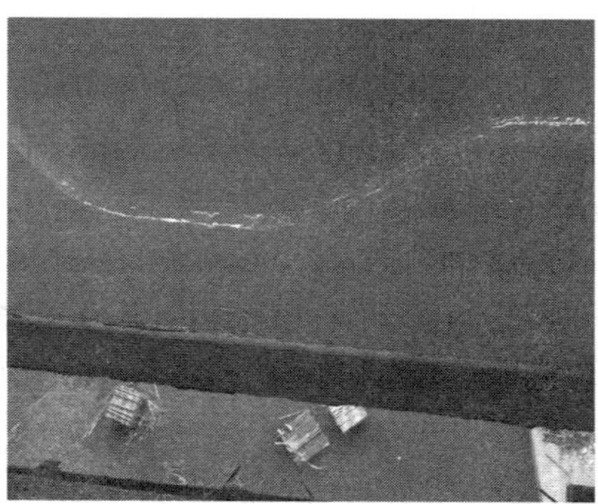

图6-5 上翼缘板与混凝土连接处封堵

第7章　预应力工程

7.1　波纹管、锚垫板安装

7.1.1　波纹管安装

预应力管道采用卷制金属螺旋双波波纹管，施工时如漏浆则较难处理，特要求用厚0.3mm以上钢带轧制。卷制波纹管时，不得使用机油或其他油类作润滑剂，卷制好的波纹管应确保无油污，波纹管的外径要与锚具生产厂家的锚垫板匹配，进货后应按《预应力混凝土用金属波纹管》（JG 225—2007）的规定检验其规格、外观、刚度、抗渗性能。

在安装波纹管前，应按设计规定的管道坐标进行放样，设置定位钢筋，波纹管按设计给定的曲线要素安设，采用井字形钢筋（ϕ12mm 筋）定位，定位筋按0.8m的间距设置。波纹管安装过程中，当受到普通钢筋的影响时，适当地调整钢筋的位置。安放好的管道必须平顺、无折角。

波纹管之间的连接采用连接套对接，即使用大一号的波纹管套接，各接头处使用防水胶布缠裹严密，以防漏浆（图7-1）。

波纹管安装如图7-2所示。在波纹管最高点必须设置排气孔，PVC管与波纹管接头处应缠紧密封。

图7-1　波纹管连接

图7-2　波纹管安装

波纹管安装好后要注意保护，在钢筋绑扎、混凝土浇注过程中，不得踏压波纹管；不得在没有防护的情况下在波纹管的上方或附近进行电焊或气割作业。

混凝土浇注前，要仔细检查波纹管的位置、数量、接头质量及固定情况；检查直管是否顺直，弯管是否顺畅；检查波纹管是否已被破坏，发现问题要及时处理。

注意波纹管的保管，以防波纹管变形、开裂，并保持管道存放顺直，防止受潮和雨水锈蚀。波纹管在现场卷制，尽量缩短存放时间。

在浇注混凝土之前应认真检查波纹管位置及有无破损情况，锚垫板与模板接触面应严密，锚垫板的喇叭口应与波纹管包裹严密。压浆孔口应用海绵填塞饱满，以防水泥浆渗入而引起堵塞。

7.1.2　锚垫板安装

锚垫板应在测量的配合下进行安装，当定位完成后，将其固定。安装好的锚垫板尾部与波纹管套接，波纹管套入锚垫板的深度不小于 10cm，并用防水胶布缠裹。锚垫板口及预留孔内应用棉纱或其他材料填塞，并用防水胶布封闭，以防止浇注混凝土时水泥浆渗入管道内或压浆孔内。

7.2　预应力筋制作

(1)预应力筋下料前，作业班组必须再次核对预应力筋的规格、验收记录，检查其外观质量。预应力筋的下料长度应经过计算确定。计算时应考虑下列因素：构件孔道的长度、锚夹具长度、千斤顶长度、张拉伸长值和外露长度等因素。

(2)钢绞线下料应在特制的放盘筐中进行，防止钢绞线弹出伤人和扭绞。散盘后的钢绞线应细致检查外观，发现劈裂重皮、小刺、折弯、油污等需进行处理。

(3)下料时用轻型变速砂轮机截断，严禁用电弧切割。钢绞线在切断前，在距切口 50mm 处用钢丝绑牢，以免散头，切断后的端头可用电焊焊牢。

(4)钢绞线应根据各孔道的长度分别编束绑扎，将钢绞线理顺编成一束。编束后，应系上标签，注明束号、束长及钢绞线产地。束内每根两端均用白胶布缠贴编号，同根同号。分别存放在防雨棚内待用，对较长的钢绞线束，为便于存放运输，可将其盘成大盘，圈径宜为 3m 左右。编束后的钢绞线应顺直，不得扭结。

(5)钢绞线束在储存、运输、制作、安装过程中，应防止钢束锈蚀，沾上油污及损坏变形。搬运时支点距离不得大于 3m，端部悬出长度不得大于 1.5m。

7.3　预应力穿束

7.3.1　使用梳编穿束进行钢绞线整束穿束(图7-3)

(1)用大力钳剥散钢绞线的端头,再用模板将钢绞线的中心丝压住,然后使用切割机切断钢绞线周边丝(长为40cm左右),保留中心丝。

(2)将钢绞线通过梳束板梳束编号后,对号传入牵引螺塞。

(3)用胶带对钢绞线的端头(包括切割部分)缠绕保护。

(4)用与泵站连接的镦头器将中心丝镦头,镦头直径大于牵引螺塞孔的直径,以满足整束穿束时拖动钢绞线平动的要求。

(5)用单根钢丝穿过波纹管,将主牵引卷扬机上的牵引钢丝绳上的螺旋套引入并穿过波纹管,再将牵引螺塞和螺旋套拧紧连接。

(6)用设在预应力束管道后端部梁体上的辅助起重卷扬机吊起钢绞线束,以克服钢绞线的自重,启动牵引卷扬机克服牵引摩擦阻力,同步进行梳顺钢绞线,每隔1m绑扎一次扎丝,以使钢绞线顺直、等长,绑扎成束顺直不扭转,以提高其刚度便于穿束,即可顺利、快速地进行钢绞线的整束穿束。

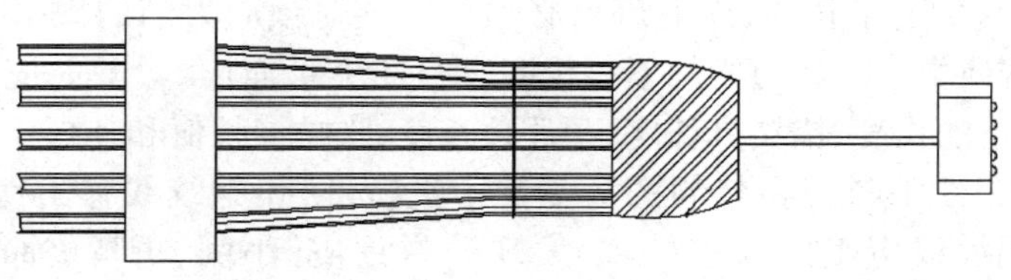

图7-3　梳编穿束

7.3.2　使用梳编穿束的优点

使用此方法牵引整束十分方便,螺旋套尺寸小,与扎紧钢绞线束外径相近,很容易通过管道;梳理绑扎后的钢绞线束,整束穿过后,安装锚具对号入座,使其平顺圆滑,无互相缠绕现象;穿束效率高,尤其对多根长束可大大节省穿束时间;张拉中同束各单根钢绞线受力均匀。

采用梳编穿束可有效避免单根穿束引起的钢绞线相互缠绕导致张拉时钢绞线受力严重不均;保证单根钢绞线受力均匀,不会像传统穿束张拉那样导致同束中各单根钢绞线受力不均而危及其使用寿命(受力大的,早期疲劳断裂,接着连锁反应,导致预应力丧失,桥梁下挠坍塌等)。这对于连续刚构、连续梁、混凝土斜拉桥尤其重要。

7.4 预应力设备安装及校验

7.4.1 张拉机具配套、组装及运转

千斤顶、油压表配套,根据校验曲线方程填写油压表读数卡片供张拉使用。

千斤顶、油泵及油管等张拉设备移至梁体张拉端组装,锚板配套过渡垫圈擦洗干净,连接。

先让油泵运转1~2min,大缸进油,小缸回油,使大缸活塞外伸200mm左右,再令小油缸进油,大活塞回零。如此反复2~3次,排出千斤顶缸内和油管路中的空气,使张拉力平稳。

7.4.2 安装和拆除顺序

安装和拆除顺序为:工作锚→夹片→限位板⇆千斤顶⇆工具锚⇆夹片。

(1)安装工作锚:工作锚板上用石笔编号,同一编号的钢绞线逐根穿入锚板孔,锚板推至锚下垫板限位槽内,锚板孔编号、方向、位置在梁的两端应一致。

(2)安装夹片:每副夹片用橡胶圈箍在一起,沿钢绞线端用手将其紧推入锚板孔。安装时锚板、锥孔、夹片必须清洁,不允许锚板、钢绞线夹片有浮锈、油污、砂粒等杂物。夹片全部安装就位后,用螺丝刀调匀夹片间缝隙,用打紧器(钢管)将每孔中夹片击平,再逐孔打紧。打紧夹片时,不得过重敲打,以免敲坏夹片。预紧:为使孔道内各根钢绞线松紧一致,夹片握裹钢绞线达到张拉时受力均匀,用单孔千斤顶逐根预紧,预紧张拉力($5\%\sigma_k$~$8\%\sigma_k$),同时小手锤敲击锚板周边,使锚板进入锚下垫板面的正确位置并对正、贴紧。

(3)安装限位垫板:控制夹片的移动位置,使夹片跟进较整齐,限位板与工作锚配套使用,两者孔位一致,安装时将限位板沿钢绞线端推靠工作锚板即可。

(4)安装千斤顶(图7-4):钢绞线端部用铁丝稍加捆扎,将千斤顶吊起套穿在钢绞线上,前支承口套在限位板外面,千斤顶与孔道中线初对位,充油、活塞伸出3~5cm。

(5)安装工具锚(图7-5)及夹片:去掉钢绞线上的扎丝,严格按钢绞线的编

号穿入工具锚对应锚孔内，工具锚推入千斤顶缸体外口套座（或过渡垫圈）内，特别注意两锚板孔位方向一致，保持钢绞线自然平行，防止千斤顶内钢绞线错位交叉，然后安装夹片，千斤顶与孔道中线精确对位。

图 7-4　千斤顶安装图

图 7-5　安装工具锚

7.4.3　工具锚板及夹片使用注意事项

（1）锚板外壁擦净，锥孔内壁涂防锈油。

（2）工具锚夹片应在无污、无锈、无渣黏附的情况下使用，使用前用棉纱擦净每副夹片，锥面涂退锚油（50% 石蜡 +50% 机油制成），并用橡皮圈套牢。

（3）锚板锥孔与夹片锥面经常用金相砂纸加研磨膏手工研磨，使之非常光亮，保证夹片进退方便，可多次使用。

（4）工具锚、工作锚、限位板、千斤顶保持同一轴线，使钢绞线受力均匀，保证张拉质量。

（5）锚具锚固系数质保书由供货单位提供，张拉质量出现问题，应责成供货单位重新复检，或更换锚具。现场应对锚具外观质量、锚环、夹片硬度进行分批抽检，并做好记录。

7.5　预应力钢绞线张拉

7.5.1　张拉程序

0→初应力 $0.2\sigma_k$（伸长值标记）→张拉 σ_k（测伸长值）→持荷 5min→自锚（测回缩量）→回油（测总回缩量及夹片外露量）→退顶。

预施应力按照预张拉、初张拉和终张拉三个阶段进行，脱模时梁体强度达到设计强度的80%以上，也可将预张拉和初张拉两阶段合并为一个阶段进行。

终张拉在梁体混凝土强度及弹性模量达到设计值后，龄期不少于10d时进行。

7.5.2　张拉作业

(1)0阶段：千斤顶充油，活塞伸出2～3cm。

(2)初张拉：初张拉前调整钢绞线束松紧，张拉设备与孔道轴线一致，均匀受力。到达吨位后，测油缸外露量及油顶外沿至锚下垫板的距离并作为初读数，两端每根钢绞线上做标记，记下数据，判断滑丝、滑移情况，同时测量工具锚夹片外露量并做好记号，分析内缩量。

(3)分级加载：加载分为4级，即$0.4\sigma_k$、$0.6\sigma_k$、$0.8\sigma_k$、σ_k，每加载一次，测量一次伸长值。

(4)张拉吨位：张拉σ_k时，持荷5min并在张拉端补足吨位，测量伸长值(图7-6)，观察钢绞线与夹片情况。

(5)自锚：张拉完成后，千斤顶回油，油缸回缩，工具锚后退，工作锚夹片便自动将钢绞线锚住，回油应缓慢进行，达到自锚的目的。

(6)回油：打开千斤顶回油和输油阀，千斤顶主油缸继续回缩，工具锚脱开油顶口，夹片陆续从锚孔脱离出来，详细检查钢绞线情况。

(7)退顶(图7-7)：相继拆出工具锚、千斤顶、限位器，用游标卡尺量取工作锚夹片外露量。

图7-6　张拉

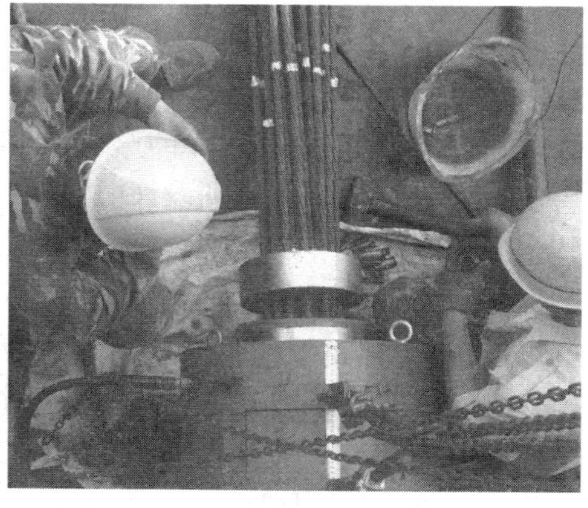

图7-7　退顶

7.6 预应力张拉后的现场检测

7.6.1 检测设备

YYL2000—B 预应力张拉锚固自动控制综合测试仪，专利号：ZL01129163X，国际专利主分类号：GOID21/02。

7.6.2 检测原理

利用锚固体系弹模效应和最小应力跟踪原理，进行有效预应力检测（单索、整束、钢绞线）（图 7-8、图 7-9）。同时配备了相应的预应力人工智能化检测跟踪控制系统。

图 7-8 预应力检测

图 7-9 体外索预应力检测

7.6.3 检测情况分析、控制措施与结论

我们现场进行了 74 孔的有效预应力检测，目标是控制锚下有效预应力：既要使整束有效预应力达到设计要求，又要使同束内各根钢绞线受力的均匀度得到全面控制。

从卫河特大桥各节段有效预应力同束不均匀度数量统计表（表 7-1、表 7-2）可以看出，单根钢绞线同束有效预应力不均匀度合格率（≤10% 范围内）达到 100%，所有节段在同束不均匀度控制方面均较好。在单根钢绞线有效预应力大小控制方面，除 27 号端横梁 1A、1B、1C 两束预应力筋的单根绞线有效预应力平均值偏小外（分别为 165.12kN、162.43kN、162.08kN），其他均合格（见卫河特大桥各节段有效预应力同束均值汇总报告）。总体上说，单根钢绞线有效预应力大小及其同束不均匀度满足设计要求。

卫河特大桥各梁有效预应力同束不均匀度数量统计表　　表 7-1

合同段	大桥名	≤5%（检）	≤5%（校）	5%～8%（检）	5%～8%（校）	8%～10%（检）	8%～10%（校）	10%～20%（检）	10%～20%（校）	>20%（检）	>20%（校）	束数小记
TJ-01标	卫河特大桥	43	43	26	26	5	5	0	0	0	0	74
	所占百分比（%）	58.10	58.10	35.14	35.14	6.76	6.76	0	0	0	0	

卫河特大桥各梁有效预应力同束均值汇总表　　表 7-2

（合格单索有效预应力：168～188kN，张拉控制应力为 $\sigma_{con}=0.75f_{pk}$）

检测时间	梁号	孔号	钢绞线数	实测最小值（kN）	实测平均值（kN）	实测最大值（kN）	实测整束索力（kN）	校正最小值（kN）	校正平均值（kN）	校正整束索力（kN）
2010-05-28	24 号端横梁 2B	1	3	165.08	167.46	168.69	502.40	165.08	167.46	502.40
2010-05-27	27 号端横梁 1B	1	3	160.75	162.43	163.56	487.31	160.75	162.43	487.31
2010-05-28	24 号端横梁 2A	1	3	157.54	164.38	170.26	493.17	157.54	164.38	493.17
2010-05-30	BT-10	1	19	174.21	181.90	187.53	3456.12	174.21	181.90	3456.12
2010-05-28	24 号端横梁 1D	1	3	167.98	169.81	171.86	509.45	167.98	169.81	509.45
2010-05-28	24 号端横梁 2C	1	3	163.51	169.45	173.66	508.35	163.51	169.45	508.35
2010-05-28	24 号端横梁 2D	1	3	156.53	165.19	170.11	495.58	156.53	165.19	495.58
2010-05-28	24 号端横梁 3A	1	3	154.92	163.10	168.08	489.32	154.92	163.10	489.32
2010-05-28	24 号端横梁 3B	1	3	166.11	168.31	170.33	504.94	166.11	168.31	504.94

续上表

检测时间	梁号	孔号	钢绞线数	实测最小值（kN）	实测平均值（kN）	实测最大值（kN）	实测整束索力（kN）	校正最小值（kN）	校正平均值（kN）	校正整束索力（kN）
2010-05-28	24 号端横梁 4C	1	3	166.53	169.79	171.59	509.39	166.53	169.79	509.39
2010-05-27	27 号端横梁 1A	1	3	161.81	165.12	169.67	495.39	161.81	165.12	495.39
2010-05-27	27 号端横梁 1C	1	3	161.11	162.08	163.72	486.27	161.11	162.08	486.27
2010-05-27	27 号端横梁 2A	1	3	163.61	169.58	173.83	508.76	163.61	169.58	508.76
2010-05-27	27 号端横梁 2C	1	3	170.44	172.13	174.05	516.41	170.44	172.13	516.41
2010-05-27	27 号端横梁 2D	1	3	167.00	170.71	172.69	512.15	167.00	170.71	512.15
2010-05-27	27 号端横梁 3B	1	3	165.79	170.95	175.73	512.88	165.79	170.95	512.88
2010-05-29	BT-1	1	19	178.02	184.25	194.92	3500.88	178.02	184.25	3500.88
2010-05-30	BT-11	1	19	174.53	181.24	187.96	3443.59	174.53	181.24	3443.59
2010-05-29	BT-12	1	19	177.30	185.20	193.16	3518.91	177.30	185.20	3518.91
2010-05-30	BT-2	1	19	175.62	181.08	187.34	3440.62	175.62	181.08	3440.62
2010-05-30	BT-9	1	19	173.08	181.87	188.18	3455.57	173.08	181.87	3455.57
2010-06-03	TT-1	1	19	174.62	181.54	190.40	3449.31	174.62	181.54	3449.31
2010-06-03	TT-2	1	19	173.79	181.78	187.19	3453.99	173.79	181.78	3453.99

续上表

检测时间	梁号	孔号	钢绞线数	实测最小值(kN)	实测平均值(kN)	实测最大值(kN)	实测整束索力(kN)	校正最小值(kN)	校正平均值(kN)	校正整束索力(kN)
2010-05-28	24号端横梁1A	1	3	165.81	168.29	169.81	504.90	165.81	168.29	504.90
2010-05-28	24号端横梁1C	1	3	166.15	168.22	171.81	504.68	166.15	168.22	504.68
2010-05-28	24号端横梁4B	1	3	166.11	169.41	171.56	508.26	166.11	169.41	508.26
2010-05-28	24号端横梁1B	1	3	165.94	169.04	171.25	507.14	165.94	169.04	507.14
2010-05-27	27号端横梁2B	1	3	166.16	172.41	175.72	517.24	166.16	172.41	517.24
2010-06-06	N1-001	1	3	166.41	167.33	168.10	502.00	166.41	167.33	502.00
2010-06-06	N1-002	1	3	166.08	167.46	168.22	502.38	166.08	167.46	502.38
2010-06-06	N1-003	1	3	167.87	168.78	170.29	506.36	167.87	168.78	506.36
2010-06-06	N1-004	1	3	166.42	167.99	170.39	503.97	166.42	167.99	503.97
2010-06-06	N1-005	1	3	166.70	168.80	170.65	506.43	166.70	168.80	506.43
2010-06-06	N1-006	1	3	167.75	169.14	170.02	507.45	167.75	169.14	507.45
2010-06-06	N1-007	1	3	166.46	168.37	169.60	505.13	166.46	168.37	505.13
2010-06-06	N1-008	1	3	167.24	168.35	170.30	505.06	167.24	168.35	505.06
2010-06-06	N1-009	1	3	166.46	168.15	170.78	504.47	166.46	168.15	504.47

续上表

检测时间	梁号	孔号	钢绞线数	实测最小值（kN）	实测平均值（kN）	实测最大值（kN）	实测整束索力（kN）	校正最小值（kN）	校正平均值（kN）	校正整束索力（kN）
2010-06-06	N1-010	1	3	168.31	169.67	170.71	509.02	168.31	169.67	509.02
2010-06-06	N1-011	1	3	167.69	168.65	170.02	505.95	167.69	168.65	505.95
2010-06-06	N1-012	1	3	166.52	168.07	169.75	504.23	166.52	168.07	504.23
2010-06-07	N1-013	1	3	166.50	169.08	170.53	507.25	166.50	169.08	507.25
2010-06-07	N1-014	1	3	167.55	169.38	170.82	508.14	167.55	169.38	508.14
2010-06-07	N1-015	1	3	166.28	167.46	168.36	502.39	166.28	167.46	502.39
2010-06-07	N1-016	1	3	167.17	168.41	170.26	505.24	167.17	168.41	505.24
2010-06-07	N1-017	1	3	166.13	168.19	170.89	504.58	166.13	168.19	504.58
2010-06-07	N1-018	1	3	166.32	168.75	170.40	506.27	166.32	168.75	506.27
2010-06-07	N1-019	1	3	168.02	168.75	169.18	506.27	168.02	168.75	506.27
2010-06-07	N1-020	1	3	166.75	168.42	170.31	505.28	166.75	168.42	505.28
2010-06-07	N1-021	1	3	166.85	169.00	170.10	507.02	166.85	169.00	507.02
2010-06-07	N1-022	1	3	166.16	167.95	170.51	503.86	166.16	167.95	503.86
2010-06-07	N1-023	1	3	166.25	167.36	168.92	502.09	166.25	167.36	502.09

续上表

检测时间	梁号	孔号	钢绞线数	实测最小值（kN）	实测平均值（kN）	实测最大值（kN）	实测整束索力（kN）	校正最小值（kN）	校正平均值（kN）	校正整束索力（kN）
2010-06-07	N1-024	1	3	166.74	167.28	167.61	501.84	166.74	167.28	501.84
2010-06-07	N1-025	1	3	168.62	169.52	170.66	508.58	168.62	169.52	508.58
2010-06-07	N1-026	1	3	166.85	168.00	169.43	504.01	166.85	168.00	504.01
2010-06-07	N1-027	1	3	166.38	167.88	169.38	503.66	166.38	167.88	503.66
2010-06-07	N1-028	1	3	167.89	169.58	170.66	508.76	167.89	169.58	508.76
2010-06-07	N1-029	1	3	166.78	168.55	170.04	505.66	166.78	168.55	505.66
2010-06-07	N1-030	1	3	167.31	168.11	169.10	504.33	167.31	168.11	504.33
2010-06-08	25 号墩 DT-1	1	19	168.45	175.05	180.93	3326.03	168.45	175.05	3326.03
2010-06-08	25 号墩 DT-2	1	19	167.34	172.24	179.65	3272.66	167.34	172.24	3272.66
2010-06-08	25 号墩 DT-3	1	19	168.57	174.25	179.28	3310.91	168.57	174.25	3310.91
2010-06-08	25 号墩 DT-4	1	19	167.86	175.51	179.36	3334.73	167.86	175.51	3334.73
2010-06-11	26 右-1（T1）	1	19	142.20	148.96	153.90	2830.34	142.20	148.96	2830.34
2010-06-13	26 右-10（T2）	1	19	141.30	148.32	153.42	2818.25	141.30	148.32	2818.25
2010-06-13	26 右-11（T2）	1	19	142.84	148.39	153.67	2819.48	142.84	148.39	2819.48

续上表

检测时间	梁号	孔号	钢绞线数	实测最小值(kN)	实测平均值(kN)	实测最大值(kN)	实测整束索力(kN)	校正最小值(kN)	校正平均值(kN)	校正整束索力(kN)
2010-06-13	26右-12(T1)	1	19	141.45	148.35	153.27	2818.75	141.45	148.35	2818.75
2010-06-11	26右-2(T2)	1	19	141.50	148.22	152.91	2816.21	141.50	148.22	2816.21
2010-06-12	26右-3(T2)	1	19	141.03	149.05	152.94	2832.08	141.03	149.05	2832.08
2010-06-12	26右-4(T1)	1	19	143.50	148.21	154.05	2816.04	143.50	148.21	2816.04
2010-06-10	26右-5(T1)	1	19	145.04	150.88	157.69	2866.74	145.04	150.88	2866.74
2010-06-10	26右-6(T2)	1	19	142.78	149.01	153.84	2831.26	142.78	149.01	2831.26
2010-06-10	26右-7(T2)	1	19	144.22	149.18	154.71	2834.43	144.22	149.18	2834.43
2010-06-12	26右-8(T1)	1	19	144.81	148.75	154.54	2826.44	144.81	148.75	2826.44
2010-06-12	26右-9(T1)	1	19	140.54	148.28	152.09	2817.34	140.54	148.28	2817.34

从以上分析可以看出，以检测找问题强化工艺，控制有效预应力均匀度；强化张拉监控，确保张拉精度，控制束力大小，实现了全面控制预应力施工质量的目标，预应力工程的质量优劣最终还是要归结到预应力束中的有效预应力大小及其不均匀度上来，实测数据证明通过我们的检测控制有益于将卫河特大桥预应力施工纳入精细化的轨道：

(1)通过疏束、编束、整束穿束方法，控制住了单根绞线同束有效预应力的均匀性(±5%)。

(2)通过张拉跟踪控制和充分的持荷时间，确保了整束有效预应力的大小(±5%)及其同断面均匀度(±2%)。

7.7　锚　　固

(1)张拉控制应力达到稳定后方可进行锚固,预应力筋锚固后的外露长度不宜小于30mm,锚具用封端混凝土保护。当需较长时间外露时,应采取防锈蚀措施。

(2)锚固完毕、经检验合格后方可切割端头多余的预应力筋,严禁使用电弧焊切割,应采用砂轮机切割。

7.8　孔道压浆、封锚

7.8.1　水泥技术要求

(1)孔道压浆采用纯水泥浆,强度不应低于设计规定,其采用水泥强度等级与梁体一致,要求水灰比0.40~0.45,3h后泌水率不超过2%,稠度宜控制在14~18s。水泥浆稠度检测如图7-10所示。

图7-10　水泥浆稠度检测

(2)水泥浆应掺入减水剂,以提高其流动性和减少泌水率,掺量及减水剂品种由试验决定,水泥中不得使用含有氯盐的外加剂。

(3)不得使用过期或结块水泥,进入搅拌机的水泥应通过2.5mm×2.5mm的细筛。

(4)水泥浆自调制至压入孔道的延续时间视气温情况而定,一般不宜超过30~45min,水泥在使用前和压注过程中应经常搅动。对于因延迟使用导致流动度降低的浆体,不得通过加水来增加其流动度。

7.8.2　压浆前的准备工作

压浆前,以压力水冲洗管道,并以压缩空气清除管道内积水及污物。将锚环与夹片间的空隙填实,防止孔道压浆时冒浆。

7.8.3 压浆方法及要求

(1)压浆宜采用活塞式压浆泵,不得使用压缩空气。压浆压力一般为0.5~0.7MPa,压浆泵的输浆管长度不得超过40m,长于30m时应提高压力0.1~0.2MPa。

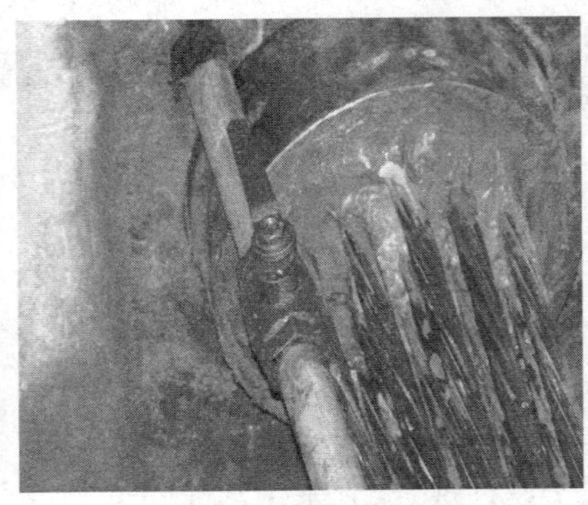

图7-11 压浆端

(2)压浆应缓慢均匀进行,不得中断并应排气顺畅。比较集中的相邻孔道,先灌注下层孔道并连续完成全部孔道的压浆,以免串孔的水泥浆凝固,堵塞孔道;不能连续压浆的,后压浆的孔道应及时用压力水冲洗通畅。在压满孔道封闭排气孔后,保持一定的稳压时间,稍后再封闭灌浆孔。压浆应从孔道的最低处的灌浆孔压入并应达到孔道的另一端饱满出浆,从排气孔流出与规定稠度相同的水泥浆为止。压浆过程如图7-11~图7-13所示。

图7-12 出气(浆)端

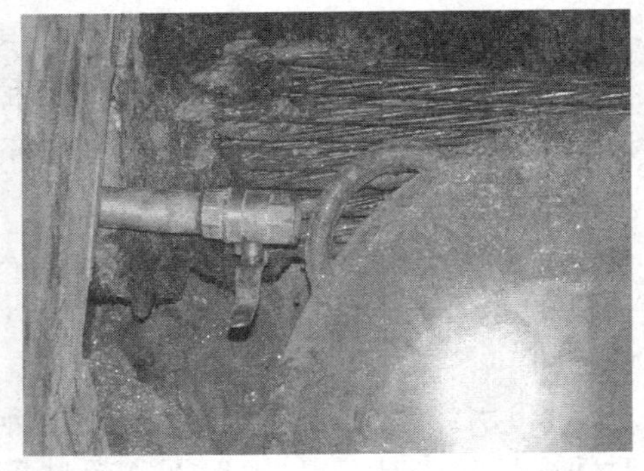

图7-13 关闭后出气(浆)端

(3)压浆后从检查孔抽查压浆的密实情况,如有不实,应及时处理和纠正。

(4)压浆过程中及压浆后48h内梁体温度不得低于+5℃,否则应采取保温措施。当气温高于35℃时,压浆宜在夜间进行。

7.8.4 封锚

(1)浇注封端混凝土前,应对梁两端封锚处混凝土凿毛,检查确认无漏压的管道，铲除承压板表面的粘浆和锚具外部的灰浆，对锚具进行防锈处理，然后设置钢筋网浇注封端混凝土。

（2）封锚时可利用一端带钩、一端带有螺纹的短钢筋安装于锚垫板螺栓孔，与锚槽内钢筋网绑扎在一起。封端混凝土应采用无收缩混凝土，封锚后进行防水处理，锚槽外侧涂刷防水涂料。

第8章　波形钢腹板组合结构箱梁桥施工控制

8.1　施工监控目的、依据及工作目标

8.1.1　监控目的

卫河特大桥主桥跨径为47m+52m+47m，三跨连续双幅梁桥，采用现浇体外预应力单箱三室波形钢腹板预应力混凝土箱梁结构。该桥采用满堂支架现浇施工工艺。目前，国内波形钢腹板预应力混凝土箱梁桥还没有成熟的施工技术规程，为了保证桥梁的施工质量，获取施工参数和资料，在施工过程中进行施工监控。

施工监控的主要目的如下：

(1)通过桥梁结构关键截面的应力和变形，发现可能存在的异常情况，及时预警，保障施工安全，确保施工质量。

(2)通过调整和控制支架顶高程，确保全桥成桥线形符合设计要求。

(3)通过对全桥关键截面应力进行控制，确保成桥内力符合设计要求。

8.1.2　监控依据

(1)大庆至广州高速公路冀豫界至南乐段《两阶段施工图设计》(河南省交通规划勘察设计院)。

(2)卫河特大桥波形钢腹板预应力混凝土箱梁桥施工监控合同及业主相关要求。

(3)《公路钢筋混凝土及预应力混凝土桥涵设计规范》(JTG D62—2004)。

(4)《公路桥涵设计通用规范》(JTG D60—2004)。

(5)《公路工程技术标准》(JTG B01—2003)。

(6)《公路桥涵地基与基础设计规范》(JTG D63—2007)。

(7)《公路桥涵施工技术规范》(JTJ 041—2000)。

(8)《混凝土结构试验方法标准》(GB 50152—92)。

(9)《公路工程质量检验评定标准　第一册　土建工程》(JTG F80/1—

2004)。

8.1.3 监控工作的目标和范围

在施工过程中如何保证主梁纵向线形偏差及横向偏移不超过容许范围,如何避免施工过程中主梁出现过大的应力,如何保证施工状态与设计状态最大程度吻合等,均需通过施工监控来解决。此外,设计是在对结构初始状态等其他参数作出假定的情况下进行的,事先设计时难于精确估计结构的实际状态,实际施工时,各种施工误差(如截面误差、材料重度误差、弹性模量误差、张拉误差等)、施工步骤的改变以及偶然施工荷载的作用都会引起桥梁结构线形与内力的改变,影响结构在施工和成桥时的状态和结构的安全。而施工监控是根据施工现场实测结果所得的结构参数真实值进行施工阶段计算,从而保证成桥后线形及结构内力符合规定值的要求。

1)监控工作的目标

(1)通过施工与监控的有机结合,调整桥梁的成桥线形,尽可能使桥跨结构的线形接近或达到设计预期值。

(2)施工过程中和竣工后结构内力状况满足设计要求。

(3)保证全桥主要控制截面应力值在整个施工过程中处于安全范围内,确保桥梁施工安全和正常运营。

2)监控范围

根据卫河特大桥的施工流程及其受力特点,施工监控主要包括以下内容,在分析相应实测数据的基础上,对其上部结构的施工过程进行控制:

(1)支架预压。

(2)线形监测。

(3)挠度监测。

(4)应力监测。

8.2 施工监控内容及成果

通过仔细研究施工图文件,同时结合本桥的特点,确定本次施工监控的工作内容及成果如下:

(1)对施工单位的施工方案、支架搭设方案进行审查。

(2)根据施工图纸、施工方案,建立仿真计算模型,根据施工过程进行分析计算,提出计算分析报告,给出各施工阶段结构的位移、应力。

(3)支架搭设完毕后,按照监控要求进行测点布置和堆载预压,通过预压和卸载,测量支架变形,推算出支架的弹性变形和非弹性变形量。

(4)结合理论计算、支架预压测试结果和预拱度要求,给出底板的立模高程,下达监控指令。

(5)在底板钢筋绑扎过程中埋设应变传感器,施工单位根据监控要求布设位移测点,在混凝土浇注前,测量其初始值。

(6)根据底板测量数据和理论分析结果,确定顶板的立模高程。

(7)顶板应变、位移测点监控同(5)。

(8)根据施工图张拉各跨预应力筋,分别测量应变传感器读数,测量高程基准点、顶板挠度测点的高程和平面位置。

(9)拆除各跨施工支架,再次观测(8)数据。

(10)桥面系施工完成后,测量成桥阶段应力、线形。

说明:

(1)如果施工条件允许,三跨梁可一跨或多跨同时施工。

(2)如果施工过程中出现异常,及时进行预警,分析原因并解决后方可继续施工。

8.2.1 线形监控测量

对连续梁桥的线形控制,主要是对桥墩(台)的坐标放样进行监控,从而达到设计要求。对于线形监测,主要利用全站仪、精密水准仪、水准尺对桥墩(台)的坐标进行严格的监控,实际监测结果与设计值比较见表8-1。

桩位坐标设计值与实测值的对比　　表8-1

墩台号	左、右侧	坐标				偏距(mm)
		设计值		实际值		
		X	Y	X	Y	
24	左	4007080.382	535667.644	4007080.387	535667.645	4.3
	右	4007078.154	535661.351	4007078.151	535661.353	6.8
25	左	4007030.694	535672.758	4007030.692	535672.760	6.0
	右	4007029.166	535668.366	4007029.169	535668.367	5.5
26	左	4006980.260	535685.321	4006980.261	535685.323	3.2
	右	4006978.759	535680.920	4006978.760	535680.923	4.7
27	左	4006939.173	535702.875	4006939.170	535702.881	8.5
	右	4006937.017	535696.545	4006937.013	535696.547	6.2

由于在主桥上部施工过程中桥墩相应会发生沉降，因此应进行桥墩的变位测量，监理单位和施工单位每月至少进行一次联测。以首次获得的墩顶高程值作为初始值，每一工况下的测试值与初始值之差即为该工况下的墩顶变位。

8.2.2　挠度监测

1）测点布置

梁体顶板、底板高程测点布置在各室中心线，从各跨跨中算起，每隔 5m 为一个测试断面，每个断面顶面设 1、2、3、4、5、6 六个测点。测点采用 ϕ16mm 钢筋制作，测点钢筋焊于钢筋笼上，长度约 20cm，钢筋露出顶（底）面混凝土约 1.0cm，露出端上部加工磨圆，涂上红漆，并在其附近箱梁顶面用红笔进行编号。若按图中尺寸制作的钢筋与箱梁纵向预应力波纹管或施工机具冲突，可横向适当挪动钢筋头位置（原则上不超过 10cm）。具体布置如图 8-1、图 8-2 所示。

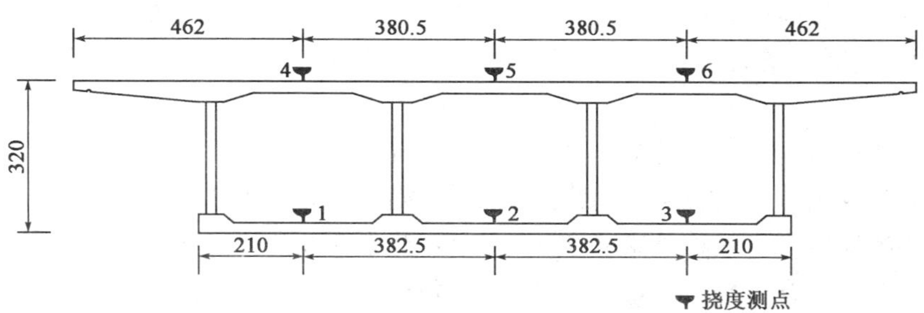

图 8-1　高程测点横断面布置图（尺寸单位：cm）

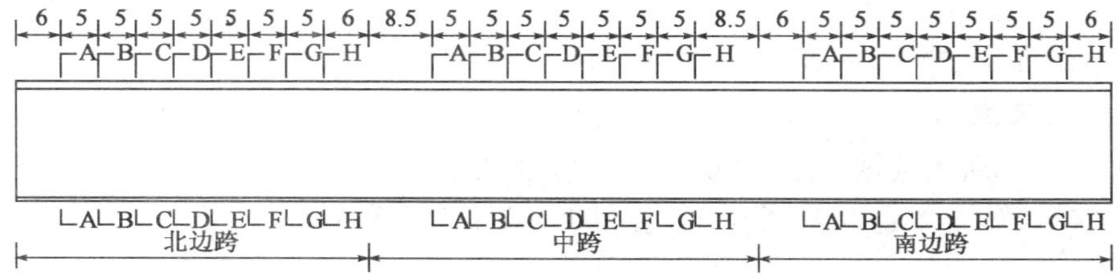

图 8-2　高程测点断面沿纵桥向布置图（尺寸单位：cm）

说明：对于箱梁底板，当测点与横隔梁等构件冲突时，测点可稍作移动，但横向四个测点应位于同一平面。

2）观测设备

WILDNK/2 自动安平水准仪，或根据施工单位具体情况选用，精度级别 S1，配备使用 3m 的板尺。

3）观测时间

为减小温度变化对测试结果的影响，所有的应力及线形观测均要求在温度稳定时进行，每次观测时间尽量一致，一般在 7:00 之前结束。

4）控制网的建立与复测

利用自动安平水准仪及检校后的钢尺把高程控制点确定（一般可选主墩墩顶），保证在整个施工过程中不变动，标上明显标记并保护好。在以后的施工期就以该点为基准，作为其他水准测量的后视点，得出所测梁顶的高程。

每一跨至少应布置两个基准点，每次测试时首先应进行基准点之间的相互校核。对于这些基准点，要求施工单位每隔两个月复测一次。

5）挠度观测程序与方法

（1）施工单位对箱梁张拉体内预应力筋前、张拉体内预应力筋后、张拉体外预应力后、拆除支架后、成桥后五个施工工况都需要进行全面挠度测量，具体如下：

①张拉体内预应力筋前测量 5、6、7、8 点钢筋头高程。

②体内预应力张拉结束稳定 4～5h 后，测量 5、6、7、8 点钢筋头高程。

③体外预应力张拉结束稳定 4～5h 后，测量 5、6、7、8 点钢筋头高程。

④拆除满堂支架后测量 5、6、7、8 点钢筋头高程。

⑤成桥后测量 5、6、7、8 点钢筋头高程。

（2）监理单位对施工单位的测量结果抽查比例应不小于 30%。

（3）若两家单位测量值吻合较好（偏差小于 5mm），则无须复测；若偏差较大，则应进行复测找出原因。

（4）考虑到施工单位测量数据全面、完整，若测量数据校核无误，一般情况下监控计算所用数据以施工单位的测量值为准。

最后，施工单位以表格的形式提供表 8-2 各高程数据，并把数据及时交监理复核。

6）高程及轴线偏位测量要求

为准确测量现浇箱梁的变形及变位，尽可能减少人为测量误差，要求工作必须定人员、定时间、定设备进行，监理抽测工作原则上与施工单位基本同步进行，数据差异较大的，应现场查明情况并及时解决。

箱梁施工过程各测点高程结果记录表　　表 8-2

测试工况：　日期：　天气：　温度：　记录者：

测试跨	测试断面	测点高程			
		5	6	7	8
北边跨	A				
	B				
	C				
	D				
	E				
	F				
	G				
	H				
中跨	A				
	B				
	C				
	D				
	E				
	F				
	G				
	H				
南边跨	A				
	B				
	C				
	D				
	E				
	F				
	G				
	H				

8.2.3 应变测试

1）测试断面与测点布置

应变测试为测试主梁沿桥纵向正应变，在距主墩墩顶 2m、主跨跨中、边跨跨中截面的顶、底板布置应变测点。

应变测试截面布置见图 8-3，应变横断面测点布置见图 8-4。

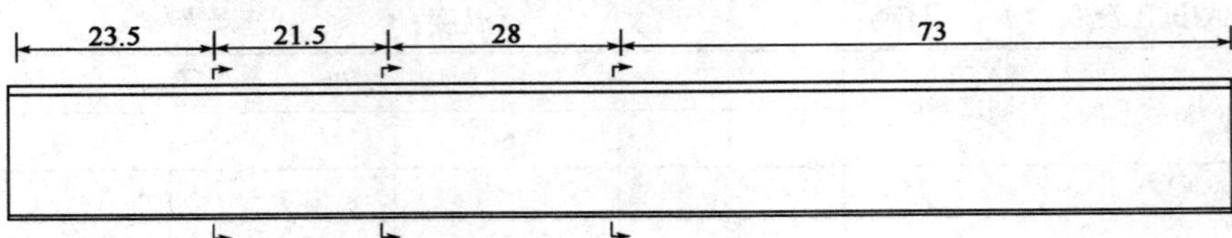

图 8-3　应变测试平面布置图(尺寸单位：m)

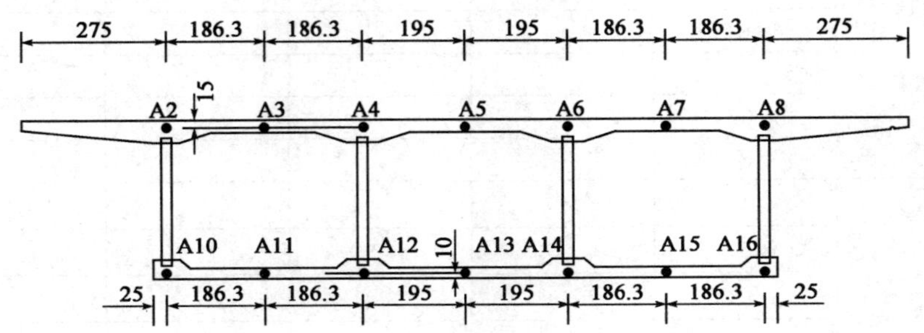

a) 中跨跨中截面

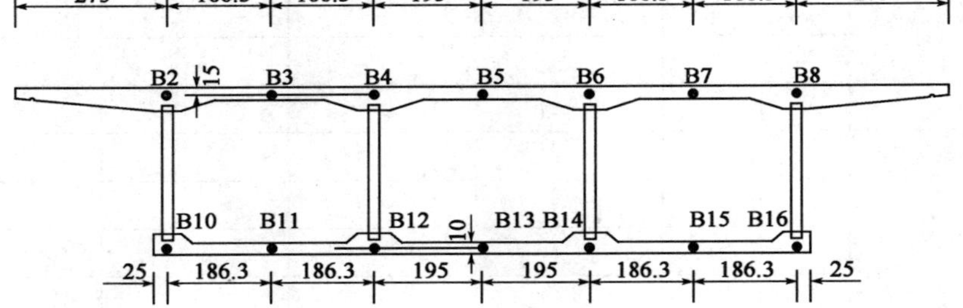

b) 边跨跨中截面

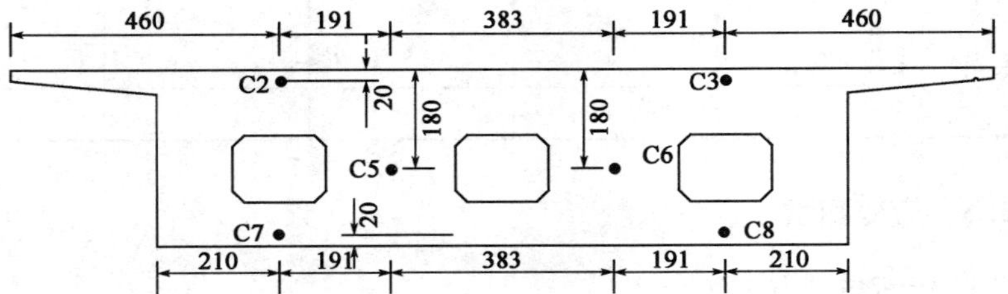

c) 墩顶截面

图 8-4　应变横断面测点分布示意图(尺寸单位：cm)

根据具体要求，施工中应变测试截面可根据实际情况相应增加。

2）测点保护

将每个断面应变元件的信号线就近引出至箱梁内，在周围预埋一个 10cm 见方的钢筋框架保护好信号线，用红油漆作上明显记号。施工单位应配合监控单位做好应变测试工作，在施工过程中要注意保护，振捣时应离开预埋应变传感器。

3）测试元件

应变测试与主梁施工同时进行，因而要求测试元件必须具备长期稳定性、抗损伤性能好、埋设定位容易及对施工干扰小等性能。通过对以前测试经验和国内元件及仪器综合分析比较，决定测试元件选用混凝土钢弦式记忆智能应变传感器，检测仪器采用振弦检测仪。通过应变—频率标定曲线，换算出混凝土的实际应变，再根据混凝土弹性模量推算混凝土应力。

4）测试工况

应力测试在以下工况进行数据采集：

（1）主梁混凝土浇注前应变计安装后。

（2）主梁底板混凝土浇注后。

（3）主梁顶板混凝土浇注后。

（4）体内预应力张拉后。

（5）体外预应力张拉后。

（6）支架拆除后。

共测读 6 次。应变测试结果数据见表 8-3。

各测试截面应变测试结果　　表 8-3

截　面	测点编号		应力测试值（MPa）	应力计算值（MPa）
中跨跨中	A2	909967	-10.90	-8.62
	A3	909948	-9.45	-8.43
	A4	909957	-8.66	-7.80
	A5	909944	-10.21	-9.64
	A6	909958	-10.04	-8.31
	A7	909949	-10.28	-8.85
	A8	909968	-8.63	-8.35
	A10	909969	-10.83	-9.69
	A11	909961	-10.04	-7.91
	A12	909945	-10.90	-8.46

续上表

截　面	测点编号		应力测试值(MPa)	应力计算值(MPa)
中跨跨中	A13	909952	-10.01	-8.62
	A14	909946	-13.94	-12.18
	A15	909962	-14.04	-12.58
	A16	909973	-12.91	-11.58
边跨跨中	B2	905347	-7.49	-7.33
	B3	909950	-8.90	-8.24
	B4	909959	-8.97	-7.52
	B5	909947	-8.56	-8.63
	B6	909960	-9.73	-9.61
	B7	909951	-10.63	-11.13
	B8	909955	-11.32	-11.16
	B10	909970	-11.87	-10.52
	B11	909963	-12.66	-11.67
	B12	909965	-13.46	-11.69
	B13	909953	-12.80	-10.97
	B14	909966	-12.53	-10.87
	B15	909964	-14.15	-12.59
	B16	909974	-14.25	-12.18
距中墩2m处	C2	909956	-9.97	-8.27
	C3	909971	-8.80	-7.38
	C5	909954	-9.52	-7.92
	C6	909975	-9.14	-8.10
	C7	909943	-14.73	-12.23
	C8	909972	-14.98	-12.27

对测试数据应及时加以整理分析，与理论计算值相比较，并分析各种可能产生偏差的原因，对接下来的施工做修正。若现场出现异常情况，可根据实际情况增加测试频率，找出原因并解决后，方可继续施工。

8.2.4　截面尺寸测量

任何施工都可能存在截面尺寸误差，验收规范中也允许出现不超过限值的误差，但这种误差将直接导致截面特性误差，从而影响结构内力及变形的分析结果。因此在施工过程中，从立模开始至混凝土浇注成型后，都应进行截面特性参数的控制，一方面及时纠正施工偏差，另一方面及时发现成型后的截面特性偏差，在计算分析中予以适当考虑。截面特性参数控制由工程技术部负责组织实施，由现场测量人员和质检员进行监测。

8.2.5　混凝土弹性模量试验

混凝土弹性模量是结构计算中一个非常重要的参数，实际的弹性模量与假定值总是存在一定的差距，需要通过试验得出实际的混凝土弹性模量。要求按规范制作弹性模量试块8组，每组3个，分别作3d、7d、28d、60d、90d、120d、150d、180d等不同龄期的弹性模量试块。混凝土弹性模量试验由工地试验室完成。

8.2.6　混凝土重度及配合比

C50混凝土重度初步计算时取26kN/m^3，混凝土重度大小与混凝土配比、所用石料密度等有关，实际重度与计算取值有一定差异。要求按规范制作试块，测定实际混凝土重度。混凝土重度由混凝土搅拌站根据材料用量确定。具体由工地试验室负责。

8.2.7　钢材的力学性能

预应力混凝土梁体所使用的普通钢筋及预应力钢筋的弹性模量及强度指标、延伸率指标一般由材料供应商提供，在施工控制中具体由工地试验室负责落实。

8.2.8　混凝土材料的收缩徐变参数

混凝土材料的收缩徐变，会导致成桥后梁体线形及内力发生较大变化，因此在施工过程中的监控计算必须了解混凝土材料的收缩徐变特性。在施工前采用规范规定的收缩徐变参数，在施工过程中的监控计算结合现场对位移及内力的实测结果进行试算确定最佳收缩徐变参数。

8.2.9　预应力施工控制参数

预加应力是预应力混凝土结构内力及变形控制考虑的重要结构参数，预加应力的大小受很多因素的影响，需根据现场实际进行测定。

8.2.10　施工支架预压测试

本桥采用支架现浇的施工方法，支架在自重、模板及其他施工荷载作用下将发生变形，这种变形包括弹性变形和非弹性变形。在立模前对支架进行预压，以消除支架结构与地基的塑性变形，并测试支架结构的弹性变形，验证支架结构与地基的承载能力是否满足施工要求。预压试验的方案的设计，由现场监理审批。

1）支架搭设

支架搭设严格按照《公路桥涵施工技术规范》（JTJ 041—2000）操作。在进行支架安装时，将最上层水平横杆与立杆顶部预留40mm的待调整高度；当支架预压变形稳定、卸载后，再将模板调整至设计位置。

2）支架预压

（1）加载方法及加载重量控制

①加载方法：采用码砂袋分三级重量加载。

②加载重量：（箱梁自重）×1.2 +（施工设备 + 施工人员 + 混凝土浇注冲击及振捣产生的荷载）×1.4。

预压试验加载方式共分三级加载，第一次加载至加载重量的50%，为一级加载；第二次加载按均布加载方式进行加载，加载至总重量的80%，为二级加载；第三次加载按腹板处局部加载方式进行加载，加载至总重量的100%，为三级加载；加载稳定后进行一次卸载。

（2）测点布设

①支架变形测点布置。

在桥跨支架上方每跨8分点（沿桥位桩号从小至大方向）布置9个测试断面，见图8-5；在每个测试断面（沿横桥向）上分别布设3个变形测点，见图8-6（支架变形测点布置图）。

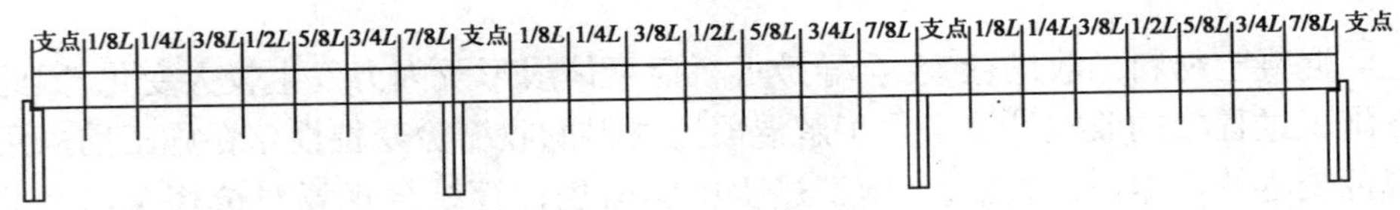

图8-5 测点沿桥纵向布置示意图

②地基变形测点布置。

在桥跨支架下方枕木（地基）上布设支架基础变形测点，在每跨4分点（沿桥位桩号从小至大方向）布置5个测试断面，在每个测试断面上沿横桥向分别布设3～5个测点。

（3）测试方法及读数控制

①测试方法：采用精密水准仪（精度要求每公里往返误差1mm）配因瓦尺进行变形测试。

②读数控制：各加载程序及分级读数应在加载后立即测读一次，并在加、卸载稳定后再读取稳定读数，加载稳定基准为 24h 连续测量变形误差累计不超过 3mm，依此进行控制。

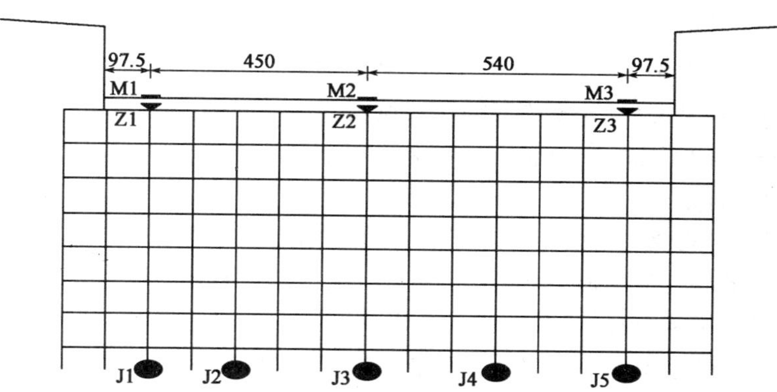

图 8-6　测点沿横断面布置示意图(尺寸单位：cm)

注：M1 ~ M3 为模板上测点；Z1 ~ Z3 为支架上测点；J1 ~ J5 为地基上测点。

(4)数据采集

针对支架预压施工特点，制订了相应的监控数据采集工序，即在以下每一工况下进行数据的采集：

①支架预压前。

②第一级加载(加载至总重量的 50%)。

③第二级加载(加载至总重量的 80%)。

④第三级加载(加载至总重量的 100%)。

⑤加载稳定。

⑥卸载前对支架结构及地基状况进行检查。

⑦卸载。

⑧卸载稳定。

在加载稳定及卸载稳定两个预压工况下对支架结构进行稳定性观测，采用连续观测方法，稳定性基准为每日观测变形误差小于 3mm。

3)支架预压测试数据分析

在满堂支架现浇箱梁施工过程中，受施工及其他方面因素影响，在立模时，考虑一定的预留值 F，以消除支架结构受上部荷载作用产生向下挠曲累计变形值。其量值为主梁立模预抬值。

立模要求
$$H = H_0 + H_1 + H_2 + H_3 + H_4 + H_5 \qquad (8\text{-}1)$$

式中：H——立模高程；

H_0——梁底设计高程；

H_1——设计预拱度值，由设计单位提供；

H_2——支架弹性变形值，根据预压试验确定；

H_3——支架塑性变形值，根据预压试验确定；

H_4——地基变形值，根据预压试验确定；

H_5——其他因素影响值，根据施工试验确定；无试验结果时，根据经验确定。

在满堂支架现浇箱梁施工过程中，主梁立模预抬值包括以下两种情况：

(1)支架预压后，预压后主梁立模预抬值 $F = H_2 + H_5$。

(2)若支架未预压，未预压支架结构或部位均应进行预抬，预抬值是参考预压试验结果，通过理论计算取得，为预抬参考值。监控预抬参考值 $F = H_2 + H_3 + H_4 + H_5$。

预压结束后，填写表 8-4。并在浇注混凝土施工过程中观测各支架变形测点的实际变形值。

支架预压分析结果汇总表 表 8-4

桥跨	分项预抬值				
	支架弹性变形值（mm）	支架塑性变形值（mm）	地基变形值（mm）	其他因素影响值（mm）	预压变形值（mm）
北边跨	5.51	6.75	0	4	
中跨	5.94	6.87	0	4	
南边跨	5.47	6.80	0	4	

8.2.11 与监控有关的其他资料收集及整理分析

施工监控需收集的资料包括：

(1)施工图设计文件(含变更设计)。

(2)施工组织设计。

(3)气象资料：天气状况、气温等。

(4)实际施工荷载及其在桥上的布置情况。

(5)箱梁混凝土龄期为 3d、7d、28d、60d、90d、120d、150d、180d 的现场同条件养护的混凝土弹性模量及混凝土强度，混凝土重度，箱梁顶板、底板的实测混凝土强度(非破损方法)。

(6)预应力钢绞线实测抗拉强度、延伸率及弹性模量。

(7)支架的预压试验数据(荷载变形曲线)。

(8)箱梁每施工段实际浇注的混凝土工程量(可查阅混凝土入模量记录确定或测量截面尺寸进行推算确定)。

(9)预应力张拉资料(包括千斤顶、油表配套标定资料和现场张拉原始记录)。

(10)箱梁变形测试资料。

8.2.12　施工监控的目标及精度

参照《公路桥涵施工技术规范》(JTJ 041—2000)和设计图纸,结合目前测试仪器的误差范围,控制目标及精度初定如下:

(1)支架预压加载完成后,继续观测,当支架变位稳定在3mm/d以内时,方可卸载。

(2)各现浇段施工过程中,结构应力不超限,结构安全。

(3)成桥阶段结构线形符合设计要求。

8.2.13　注意事项

(1)卫河特大桥波形钢腹板预应力混凝土箱梁桥的线形控制及中线位置控制工作贯穿于整个施工过程,涉及影响梁高程和中线位置的每一道工序,其特点是理论计算与施工实施紧密相连。因而需要设计、控制、施工和监理各方的密切合作,各司其职完成。

(2)施工中应严格按照平衡施工的要求进行,控制梁段上的施工堆积物并及时清理箱梁中的施工垃圾,以避免由于施工荷载和桥面杂物的不平衡引起测量数据不准确。

(3)施工中应按照施工规范要求组装箱梁模板,尽量避免由于胀模或顶板混凝土超量造成的施工监控困难。

(4)测量工作应定人、定仪器进行观测,避免由于在高墩上测量而人为引起的误差。

(5)施工监控组和线形控制小组要在掌握设计文件要求的基础上,结合施工组织设计和施工现场情况,认真仔细收集、分析实测资料,使施工监控工作顺利进行。

线形控制小组和施工监控组要与施工单位紧密配合,对支架预压、混凝土取样与测试(弹性模量和重度)等工作落实到位、保证数据准确。

8.3 施工监控的组织机构和工作计划及职责

8.3.1 施工监控流程(图 8-7)

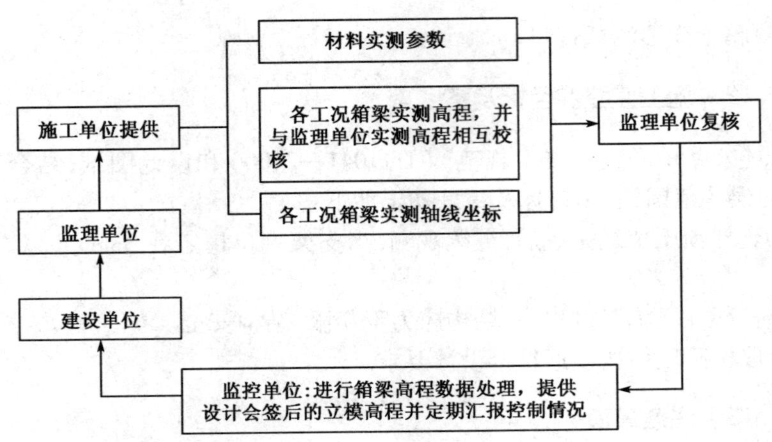

图 8-7 施工监控流程图

8.3.2 组织机构

监控是一项集测试、计算、分析、决策于一体的行为,必须要有完善的组织保证。

考虑到本桥施工工艺的难度和复杂性,针对本项目成立专家顾问组,由专家顾问组组长负责监控专家顾问组会议的召集,对施工监控重大技术问题提出建议,以指导监控项目组完成施工控制工作。

除监控组织机构的保证之外,在监控项目组下设应变测试组与监控计算分析组,负责施工控制中数据分析和施工过程跟踪计算等具体技术问题。

8.3.3 工作计划

监控单位根据业主的要求及桥梁施工进度情况安排进驻施工现场时间,一般在上部结构开始施工前半个月内开始现场工作。

现场严格按照施工监控方案的要求进行各方面的工作,保证技术人员的投入，努力与各参与单位保持良好的协作与沟通，及时向建设单位汇报工作进展情况及工程问题的处理方案建议，确保大桥安全竣工通车。

根据现场情况，编制监控实施细则，并在监控例会上讨论确定后付诸实施。

8.3.4　各级监控组织的职责范围

施工控制是一项技术含量较高、现场工作复杂、需要各方紧密配合才能做好的工作，建议由建设单位、设计单位、监理单位、施工单位和施工监控单位参加，分别成立施工监控领导小组及工作小组。建设单位、设计单位、监理单位、施工单位、监控单位负责人组建施工控制领导小组，其中建设单位任组长单位，日常的监控工作由施工监控工作小组完成，各相关单位技术人员及责任负责人任组员，有关施工监控重大调整由施工监控领导小组决定。

1）建设单位

（1）定期召开五方协调会议，协调相互间的工作，研究、解决存在的问题。

（2）督促各参建单位履行各自的职责，对各方的工作进行考核。

（3）对监控单位提交的监控总报告进行审定。

2）设计单位

（1）向现场派驻有经验的设计代表，做好设计技术交底，参与施工组织设计、监控方案的审查和重大技术方案的决策，协助解决施工过程中出现的设计问题。

（2）提供结构计算数据文件、图纸、各控制工况结构内力状况和线形，包括以下内容：

①成桥状态下控制截面内力和应力。

②成桥线形的高程要求及桥梁设计预拱度。

③计算中采用的主要设计参数。

④各施工阶段理论高程。

（3）会签监控项目组签发的监控指令。

（4）对监控单位布设测点的合理性提出意见，根据监控数据判断其是否属于受控状态，当超出允许误差控制范围时，应及时与监控单位协调，并在48h内达成以设计方意见为主导的答复意见，送交监理单位，并抄送各参建单位。

3）施工单位

（1）根据总监批准的施工组织设计和分阶段工作计划，制订各工序更详细的计划安排和施工方案，并及时将施工进度情况通知监理单位，由监理单位通知监控单位，如变更原定施工方案应尽早提出。

(2)提供龄期为5d、7d、14d、28d的混凝土强度和弹性模量测试结果，每次一组，每组3个试件，要求现场同条件养护，如果混凝土配合比发生调整，则要求重做试验。

(3)提供各构件预制、现浇尺寸和混凝土数量，提供其他施工荷载的位置和数值，对桥面施工荷载进行控制。

(4)为监控单位提供现场测试的便利条件和必要的安全保护措施，并保护测量元件，具体内容以监理指令为准，发现损坏应及时报告。

(5)按照监控方案要求，向监理提供高程测量结果，并由监理送监控单位。

4)监理单位

(1)向监控单位提供经批准的施工组织设计、施工方案和各工序时间安排表，并根据施工进度情况及时通知监控单位到现场进行相关的准备。

(2)对施工单位提供的原始数据如预应力张拉记录、构件尺寸、混凝土浇注数量、现场各种材料试验数据和其他自检数据进行监理，现场检查其质量，监督并对监控单位埋设的测试元件进行有效保护。

(3)责成施工单位按监控要求进行变形及变位抽测，并将完整的测试结果及时送监控单位。

(4)对监控指令进行签收，并责成施工单位依据监控指令进行实施。

(5)参与监控方案的审查和重大技术方案的决策。

5)监控单位

(1)负责监控方案的编制，按批准的施工方案对本桥施工进行全面有效的监控。

(2)验算施工过程中各断面的应力。在施工控制开始前，根据设计图及施工单位提供的施工方案，对结构进行全施工过程模拟计算。施工过程中进行结构应变测量。

(3)根据理论计算及现场实测结果，提供施工监控指令。

(4)在各施工阶段，对基础沉降、各控制截面挠度、控制截面应力值进行跟踪，同时与理论计算结果进行对比分析，如发现应力和挠度偏差较大，甚至超出强度安全控制指标等，应暂停施工，查明原因。

(5)从施工角度优化设计方案，根据施工单位实际情况及以前的经验，并根据理论计算对施工方案提出合理的改进方案。

(6)根据监控情况，定期或不定期召开施工监控例会，并每月向建设单位提交监控月报，在主桥竣工后两个月内向建设单位提交施工监控总报告。

8.3.5 监控人员的岗位职责

1)项目负责人

负责监控方案和实施细则的编写和现场总体协调,负责监控总报告的编写,参加各方协调会议,负责施工与监控重大技术问题审核,负责监控月报的审核与送报。

2)现场负责人

参加各方协调会议,负责施工与监控技术问题。根据已获通过的监控方案及在其基础上制订的实施细则,负责各测量组的具体领导,负责各组现场数据和监控计算数据的汇总,负责监控月报的编写。

3)监控计算组负责人

根据已获通过的监控方案及在其基础上制订的监控实施细则,具体负责监控计算组的日常工作,进行验证计算、跟踪计算、识别设计参数误差,并进行有效预测和优化调整分析,保证监控计算数据的及时、合理、可靠,负责施工控制指令表的具体提出和监控月报中理论计算结果的提供。

4)监控应变测量组负责人

根据已获通过的监控方案及在其基础上制订的监控实施细则,具体负责应变测量组的日常工作,保证应变测点埋设准确,应力实测结果数据及时、可靠,负责监控月报中应力数据的提供。

8.4 监控工作的程序和方法

8.4.1 施工准备阶段监控的工作程序和方法

监控单位在施工准备阶段,首先要根据拟定的施工方案,对设计文件进行复核计算,与设计单位提供的参数进行对比,确定本桥监控工作流程等。

8.4.2 工作质量监控的工作程序和方法

1)控制原则

桥梁施工控制是一个施工→量测→识别→修正→预告→施工的循环过程。施工控制最重要的目的是关注施工中结构的受力安全,具体表现为:变形控制在允许范围内,并保证其有足够的强度和稳定性。

本桥施工控制的原则是安全稳定性、内力和变形控制综合考虑。在施工中采取如下的控制策略:主梁控制截面应力和挠度应在施工过程中实时反馈,整个施工过程中以箱梁高程和应力作为主要控制指标。高程主要控制线形,确保最终成桥线形和设计线形相一致;应力主要通过定期测定与分析,及时发现施工中可能存在的异常情况,及时预警,保障施工安全。

在施工中,如发现全桥应力接近或超出安全控制指标或主梁线形误差偏大,应暂停施工,查明原因,及时纠正。

2)控制方法

在施工过程中,出现施工状态偏离理想的设计状态时,如不加以调整,就会造成结构的线形远远偏离设计成桥状态,甚至危及结构安全。对于波形钢腹板箱梁,设计计算中所采用的各项参数与现场材料的参数存在一定的差距,因此波形钢腹板箱梁的施工控制难度相对较大。

波形钢腹板箱梁桥每个施工工况的变位达不到设计理想施工状态的主要原因在于:设计构件截面尺寸、预应力筋张拉力、材料弹性模量、重度等计算参数往往与施工中实际情况有一定的差距;此外环境温度、临时荷载、施工误差等也常常影响结构实际变位偏离设计理想状态。上述影响因素中立模高程、构件超重和预应力筋张拉力误差影响最大,而温度影响亦不容忽视。

目前,桥梁的施工控制方法主要可以归纳为三类:开环控制、反馈控制和自适应控制。根据本监控项目的实际情况选用目前应用较为广泛的自适应控制方法,其基本原理在于:通过施工过程的反馈测量数据不断修正用于施工控制的跟踪分析程序的相关参数,使计算分析程序适应实际施工过程,当计算分析程序能够较准确地反映实际施工过程后,以计算分析程序指导以后的施工过程。

由于经过自适应过程,计算程序已经与实际施工过程比较吻合,因而可以达到线形控制的目的。其基本步骤如下:

(1)首先以设计的成桥状态为目标,按照设计参数建立有限元模型进行计算,以确定每一施工步骤应达到的分目标,并建立施工过程跟踪分析程序。

(2)根据上述分目标开始施工,并测量实际结构的变形等数据。

(3)根据实际测量的数据分析和调整各统计参数,以调整后的参数重新确定以后各施工步骤的分目标,建立新的跟踪分析程序。

(4)反复上述过程即可使跟踪分析程序的计算与实际施工相吻合,各分目标也成为可实现的目标,进而利用跟踪分析程序来指导以后的施工过程和必要的调整与控制。

波形钢腹板箱梁桥的施工控制通过施工中主梁高程及截面尺寸和弹性模量

等数据采集，在对所得到的数据进行误差分析后，不断修正设计参数，使高程的计算值与实测值之差不断缩小，从而把握目前的施工过程，进而预估将来的施工状况，达到施工控制的目的。其施工过程控制如图 8-8 所示。

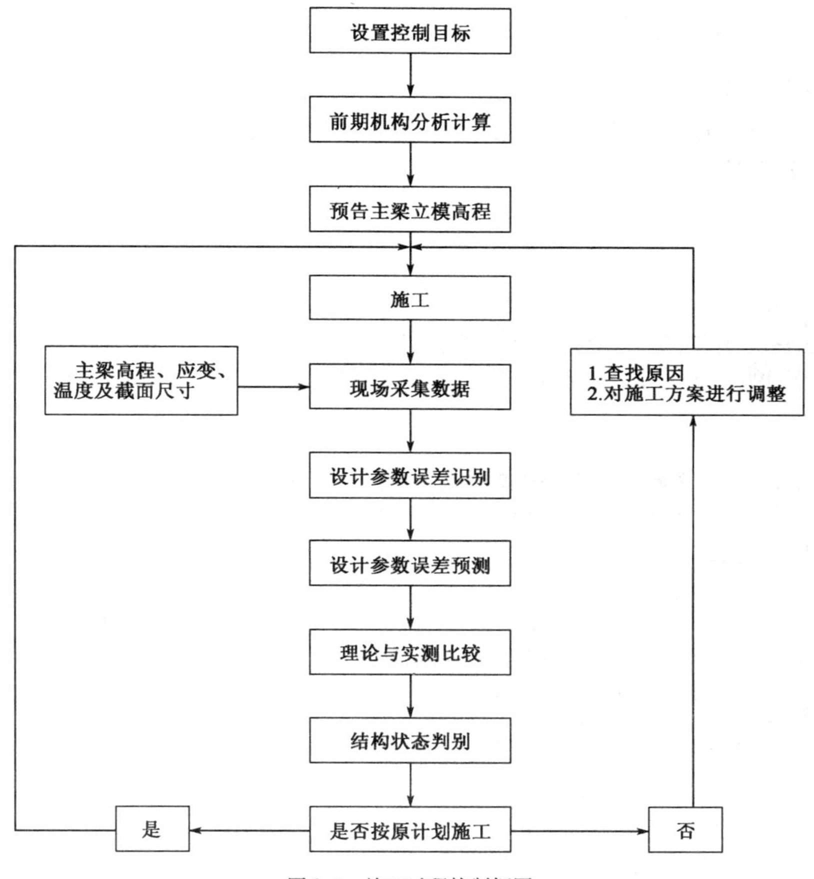

图 8-8　施工过程控制框图

3）调控手段

在波形钢腹板箱梁桥的施工过程中，应重视立模高程误差，特别是主梁的混凝土截面尺寸施工误差。

当然，在施工过程中，误差的产生是不可避免的。当主梁的线形误差每个工况均能控制在精度范围之内时，则不必调整。当这种误差超出控制精度范围或各工况的累积误差不允许时，则必须进行调整。

由于本桥采用支架现浇施工，可以通过调整施工中模板高程和预应力张拉力来进行调整,因此,要确保波形钢腹板箱梁成桥线形和设计线形相一致,需要对主要设计计算参数根据现场实测和计算识别进行调整,以尽可能保证每一梁段的理论计算高程尽可能精确、符合实际。

8.4.3 监控工地会议制度

原则上第一次监控工地会议由业主主持召开,后期将根据施工监控情况定期或不定期召开监控工地会议,由监控单位主持,业主、设计单位、施工单位、监理单位及监控单位五方参加。

8.5 数据传递

因施工控制涉及诸多数据,信息并需在工程各有关单位之间进行传递,为保证其传递的及时性,使监控工作起到应有的作用,施工监控指令传递流程如图8-9所示。

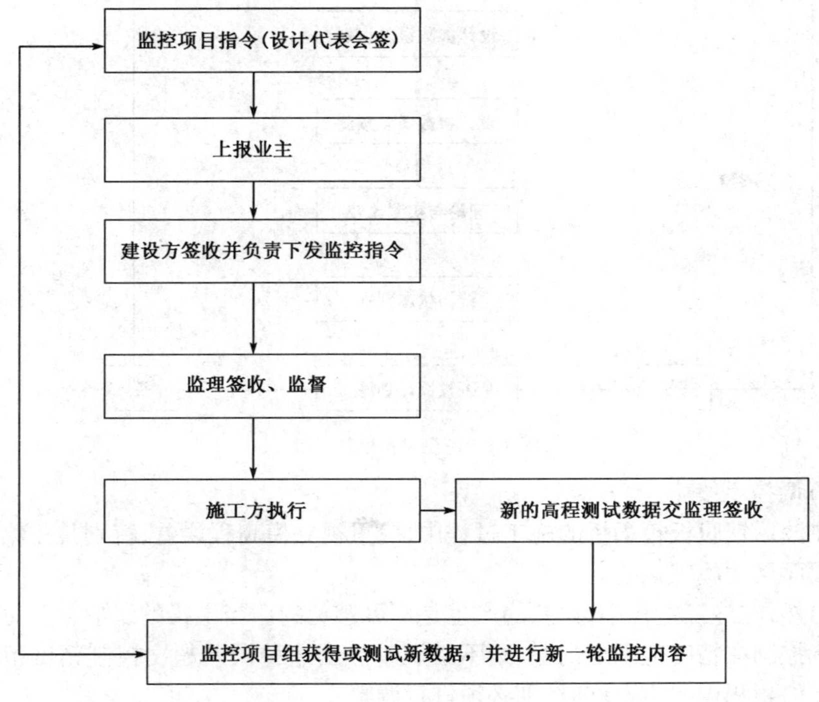

图8-9 施工监控指令传递流程图

为加快施工监控工作进度，监控指令递交业主的同时，施工单位可暂按监控指令做相关施工准备。

对于一般性文件，如监控月报等，由监控单位经设计代表会签后报送建设单位，由建设单位送监理单位，并由监理单位送达施工单位。一般文件传递路线图如图 8-10 所示。

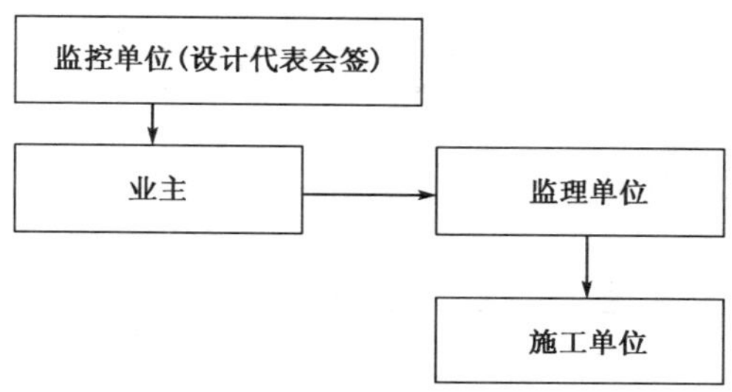

图 8-10　施工控制一般文件传递路线图

第9章 全桥静载试验

9.1 试验内容

桥型布置如图9-1所示。

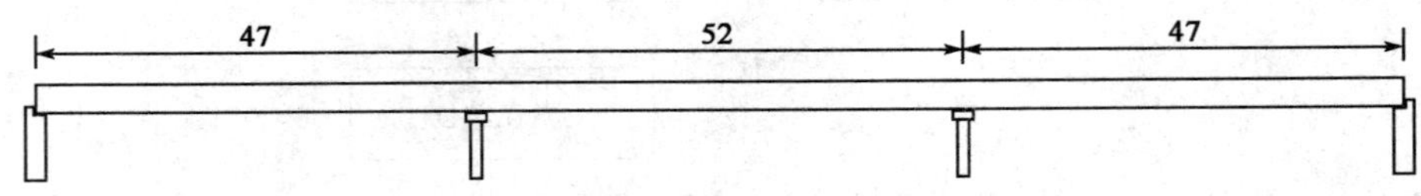

图9-1 桥型布置图(尺寸单位:m)

依据试验目的确定,本次桥梁荷载试验性质为设计验证荷载试验,其荷载量级类型为基本荷载试验,试验加载采用等效汽车荷载。为此,安排进行以下内容的测试:

(1)主梁控制截面在试验荷载下的应变(应力)。

(2)主梁控制截面在试验荷载下的挠度。

(3)主梁在偏载作用下的影响系数。

9.2 测试截面的确定

采用桥梁结构分析专用程序对该桥进行结构静动力分析。该桥设计为单幅3车道,采用公路—Ⅰ级标准荷载×1.3加载,在此荷载作用下的内力包络图如图9-2所示。

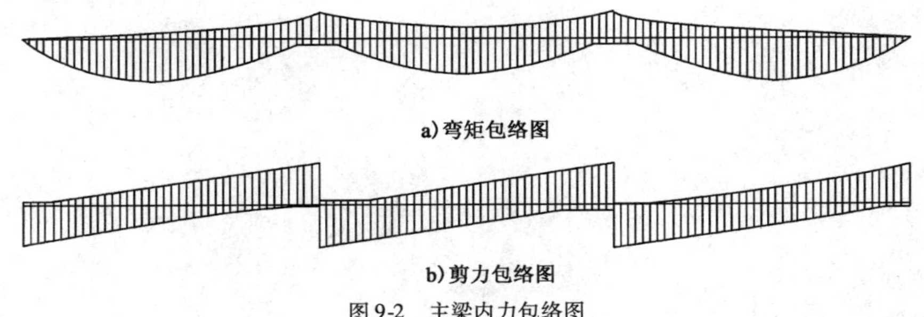

a)弯矩包络图

b)剪力包络图

图9-2 主梁内力包络图

根据包络图确定控制截面为中跨跨中截面、边跨跨中截面、中跨支点截面。结合弯矩包络图及实桥相应截面形式，确定测试截面如图 9-3 所示。挠度测点布置如图 9-4 所示。

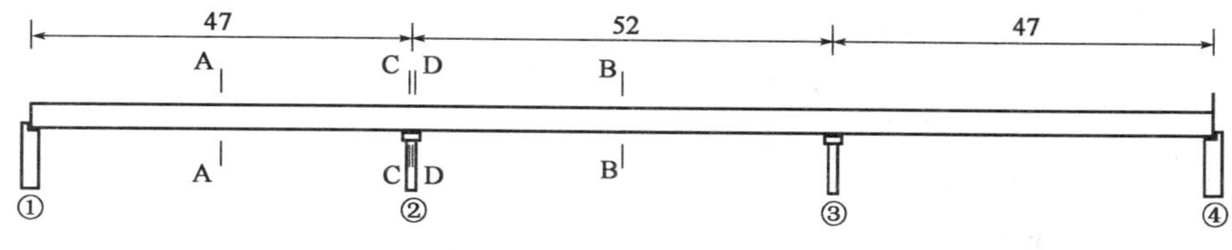

图 9-3 测试截面图（尺寸单位：m）

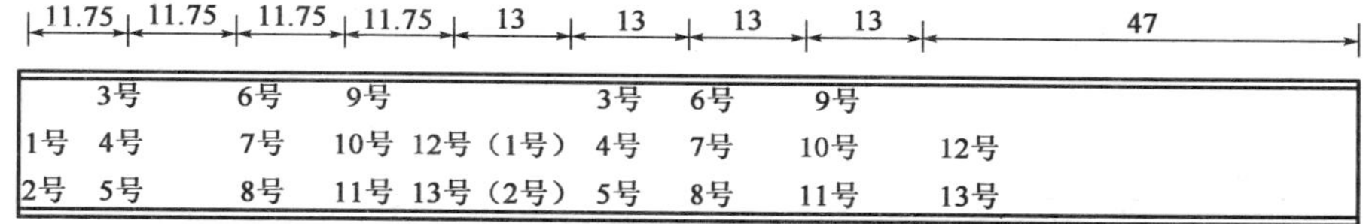

图 9-4 挠度测点布置图（尺寸单位：m）

测试截面分别为：

（1）1 号墩和 2 号墩之间跨中截面的最大正弯矩效应和最大竖向挠度效应。

（2）2 号墩和 3 号墩之间跨中截面的最大正弯矩效应和最大竖向挠度效应。

（3）离 2 号墩支座 3m 截面最大负弯矩效应。

各测试截面的具体测试内容见表 9-1。

测试截面位置及测试内容 表 9-1

截面编号	位置	测试项目
A	1 号墩和 2 号墩之间跨中	应力、挠度
B	2 号墩和 3 号墩之间跨中	应力、挠度
C	2 号墩支座附近截面	应力

挠度测点截面布置：1 号墩和 2 号墩之间的 1/4、1/2、3/4 位置，2 号墩和 3 号墩之间的 1/4、1/2、3/4 位置，1 号墩、2 号墩、3 号墩的墩顶支座处。

9.3 测点布置

应力拟采用埋入式应变计与应变片进行测量，根据测试截面的应力分布规律和受力性能，点位分别布置在底板和顶板内，所有应变计及应变片均沿桥纵向布置。

主梁竖向挠度,拟通过在桥梁顶面布置围棋子,采用精密水准仪进行高程测量。

各测试截面测点布置如图 9-5 ~ 图 9-7 所示。

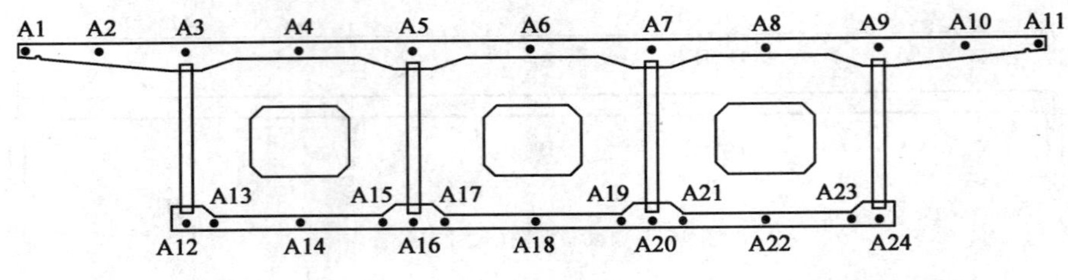

图 9-5　A 截面测点布置图

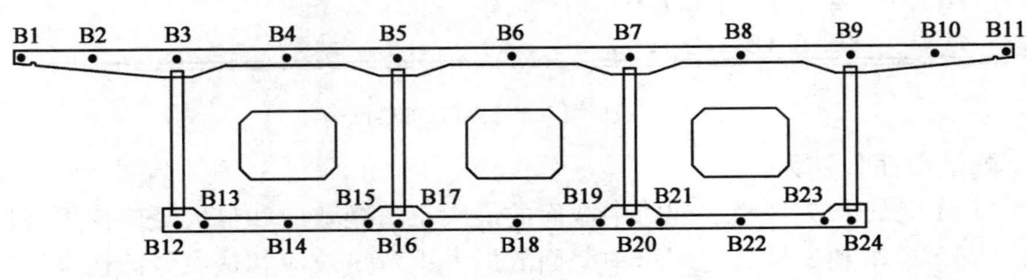

图 9-6　B 截面测点布置图

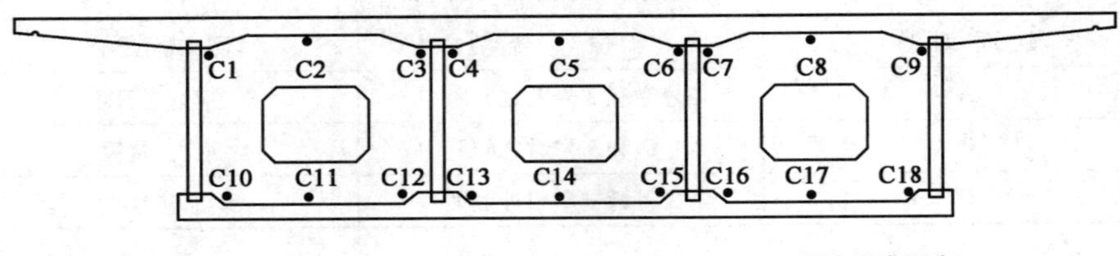

图 9-7　C 截面测点布置图

各测点中,A、B 截面测点处预埋应变计,只在 C 截面处贴混凝土应变片。

9.4　试 验 仪 器

考虑到现场试验的条件及测试设备的情况,试验设备见表 9-2。

试验设备统计表　　表9-2

序号	仪器设备名称	测试精度	数量	特　点
1	混凝土应变片	1με	18片	静态应变测量
2	埋入式应变计	1με	48个	静态应变测量
3	精密水准仪	0.1mm	1台	挠度测量
4	TD—303应变仪	1με	1套	应变采集
5	应变采集箱		1台	应变采集
6	接线端子		若干	静态应变测量
7	5m塔尺		1个	挠度测量
8	速度传感器		14个	自振频率、振型测量

9.5　试验荷载及其分布

9.5.1　加载车型

静载试验采用30t车进行等效加载，车型如图9-8所示。试验用汽车轴距和轴重力列于表9-3。

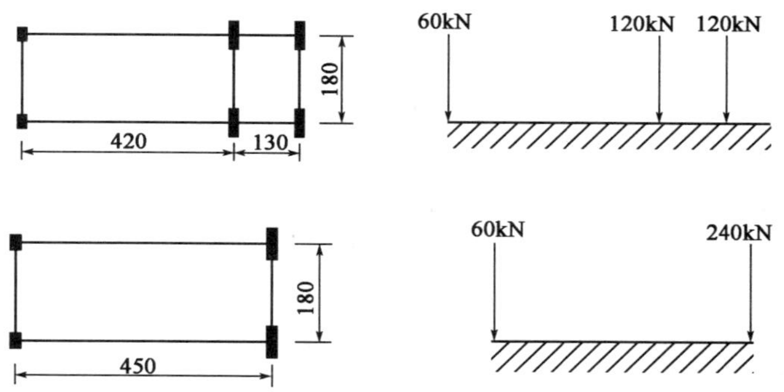

图9-8　加载车车型(尺寸单位:cm)

试验用车辆情况　　表9-3

编　号	轴间距(m)	轴重力(kN)	总质量(t)
1	4.2,1.3	60,120,120	30
2	4.5	60,240	30
3	4.5	60,240	30

续上表

编　号	轴间距(m)	轴重力(kN)	总质量(t)
4	4.5	60,240	30
5	4.5	60,240	30
6	4.5	60,240	30

图9-9给出了边跨跨中截面的弯矩和挠度影响线。图9-10给出了中跨跨中截面弯矩和挠度影响线。图9-11给出了中支点截面弯矩影响线。控制截面内力见表9-4。

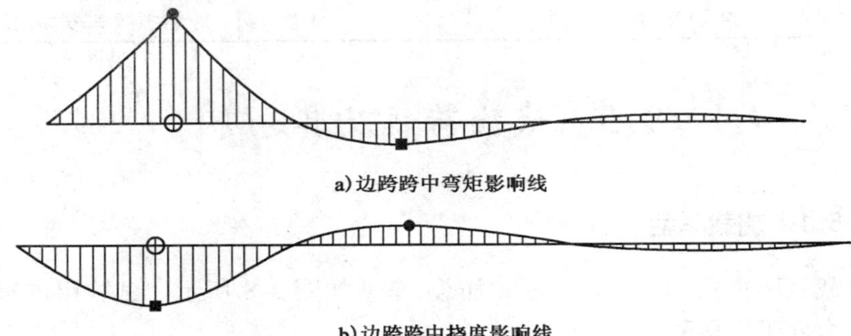

a)边跨跨中弯矩影响线

b)边跨跨中挠度影响线

图9-9　边跨跨中截面的弯矩和挠度影响线

a)边跨跨中弯矩影响线

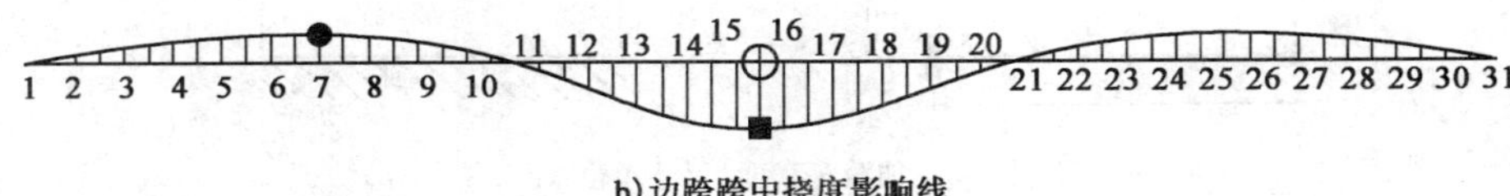

b)边跨跨中挠度影响线

图9-10　中跨跨中截面弯矩和挠度影响线

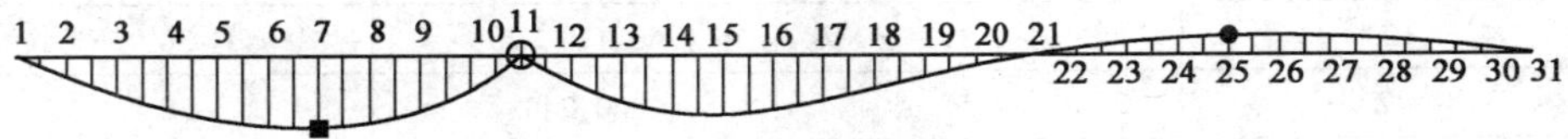

图9-11　中支点截面弯矩影响线

控制截面内力表 表 9-4

截面位置	公路—Ⅰ级×1.3 最不利弯矩(kN·m)
边跨跨中	16978.16
中支点	-8932.97
中跨跨中	16099.65

车队纵向位置按影响线进行布设。为了保证试验效果，对于某一特定荷载工况，试验荷载的大小和加载位置的选择采用静载试验效率系数 η_q 进行控制。静力试验荷载效率系数即为试验荷载产生的作用效应和设计荷载作用效应(考虑冲击影响)的比值，一般应满足在 0.8～1.05 之间。静载试验效率 η_q 为：

$$\eta_q = \frac{S_s}{S(1+\mu)} \tag{9-1}$$

式中：η_q——静载试验荷载效率系数；

S_s——静载试验荷载作用下控制截面的内力计算值；

S——控制截面最不利内力计算值；

μ——按规范取用的冲击系数。

9.5.2 荷载工况

工况一：边跨偏载，如图 9-12 所示。

工况二：边跨对称加载，如图 9-13 所示。

工况三：中跨偏载，如图 9-14 所示。

工况四：中跨对称加载，如图 9-15 所示。

工况五：支座负弯矩区域加载，如图 9-16 所示。

1)工况一：边跨偏载

测试项目：加载前、加载后及卸载后 A 截面应力和试验荷载下的挠度。

2)工况二：边跨对称加载

测试项目：加载前、加载后及卸载后 A 截面应力和试验荷载下的挠度。

3)工况三：中跨偏载

测试项目：加载前、加载后及卸载后 B 截面应力和试验荷载下的挠度。

4)工况四：中跨对称加载

测试项目：加载前、加载后及卸载后 B 截面应力和试验荷载下的挠度。

5)工况五：支座负弯矩

测试项目：加载前、加载后及卸载后 C 截面各梁的应力。

以上各荷载工况的荷载效率系数见表 9-5。

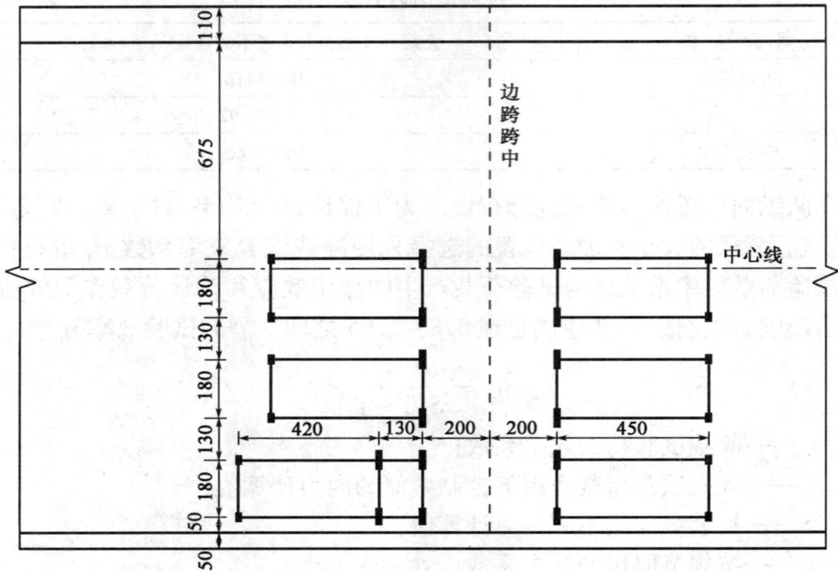

图 9-12　工况一:边跨偏载(尺寸单位:cm)

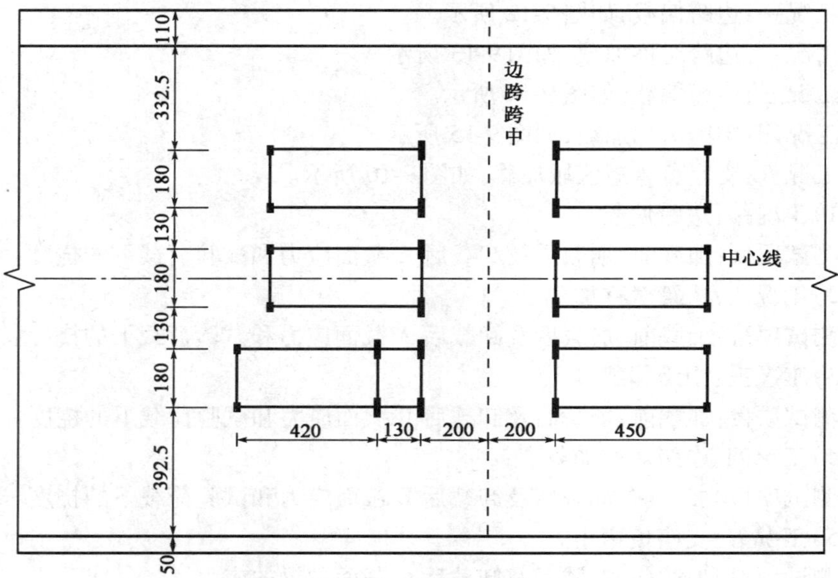

图 9-13　工况二:边跨对称加载(尺寸单位:cm)

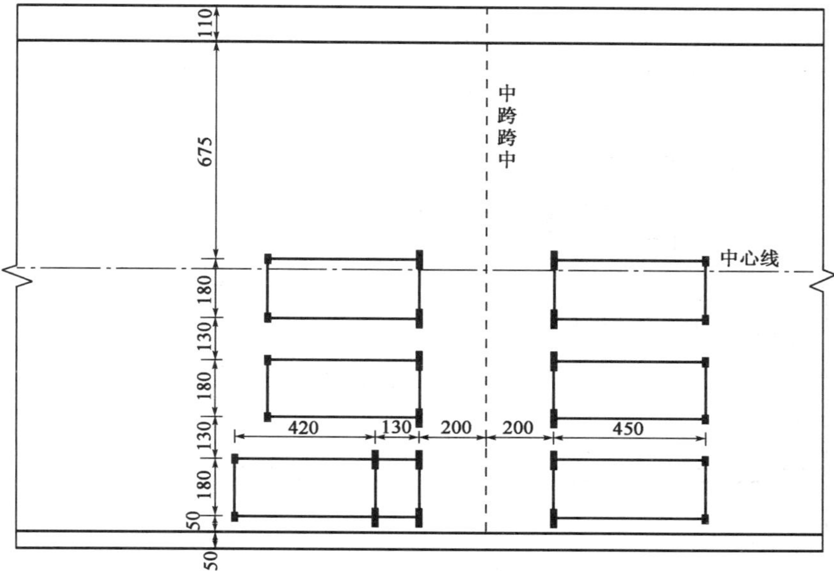

图 9-14　工况三：中跨偏载（尺寸单位：cm）

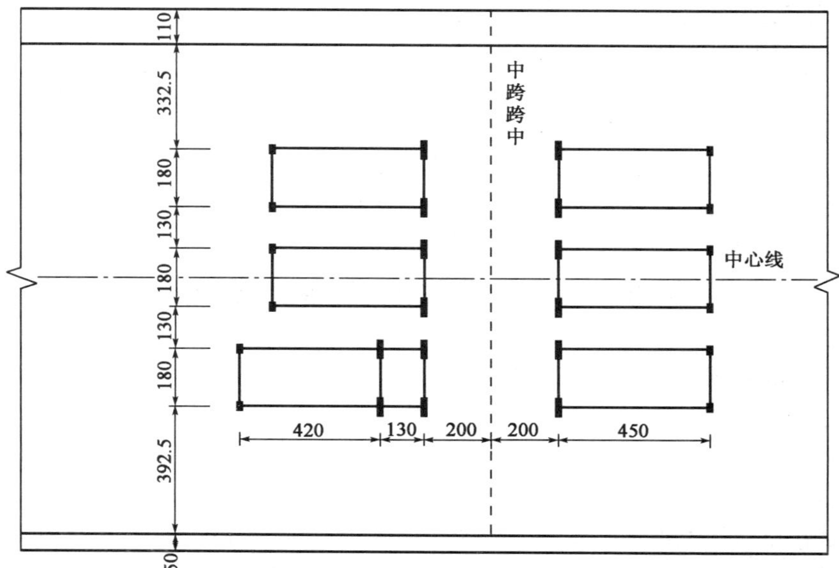

图 9-15　工况四：中跨对称加载（尺寸单位：cm）

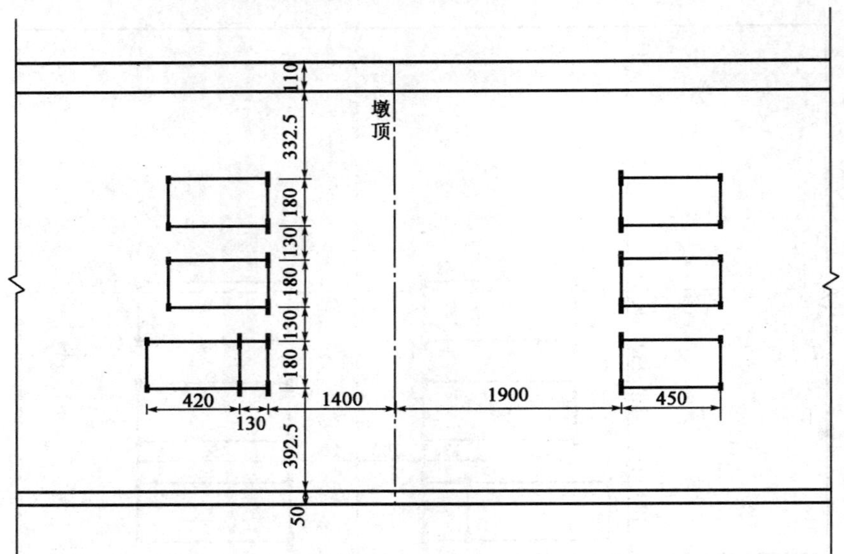

图 9-16　工况五：支座负弯矩区域加载(尺寸单位：cm)

各工况的荷载效率系数计算表　　表 9-5

测 试 截 面	设计荷载(kN·m)	试验荷载(kN·m)	荷载效率系数
A 截面	16978.16	14908.05	0.88
B 截面	16099.65	13686.92	0.85
C 截面	-8932.97	-7786.39	0.87

表中所列各工况的静载试验荷载效率系数满足桥梁测试规程的要求。

9.6　试验工作的准备及过程

正式静载试验是整个桥梁试验的核心内容，其试验过程如下：

1）桥梁预压

全桥预压采用两列车队并行以 5km/h 的速度驶过试验段桥面，然后退回。

2）仪器调试

试验仪器能否正常工作是试验成功的关键，因此在桥梁预压时对相关测试仪器进行调试，以保证正式加载试验时仪器正常工作。

3）静载读数

测量、读数记录人员各司其职，进行正式加载开始时的零荷载读数。

4）加载

安排专人指挥车辆摆放，根据试验方案在桥面上标出的加载位置进行停放。

5）稳定后读数

加载后结构的变形和内力需要有一个稳定过程，试验时以控制点的应变值或挠度值稳定为准，只要读数波动值在测试仪器的精度范围以内，就认为结构已处于相对稳定状态，可以进行测量读数。

6）卸载读数

一个工况结束，车辆退下桥去，各测点要读卸载读数，同样要有一个稳定过程。读完本次数据后即完成了一个工况，重复以上步骤进行下一工况的试验测试。

现场试验部分照片如图 9-17 ~ 图 9-28 所示。

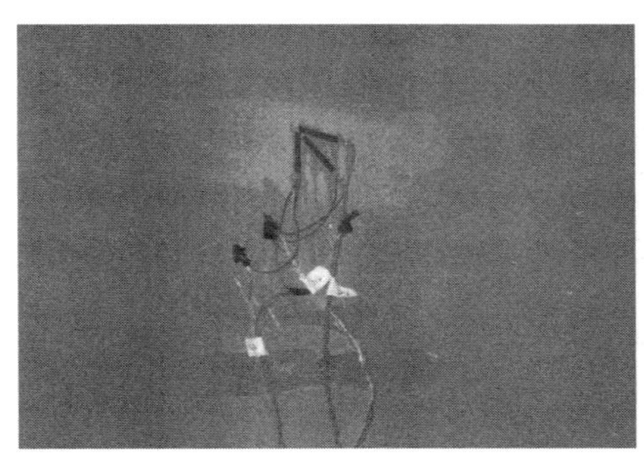

图 9-17　钢腹板上剪力应变花测点

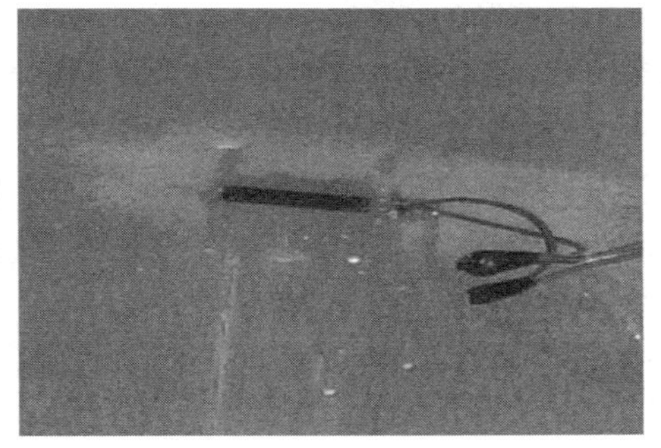

图 9-18　钢腹板上剪力应变测点

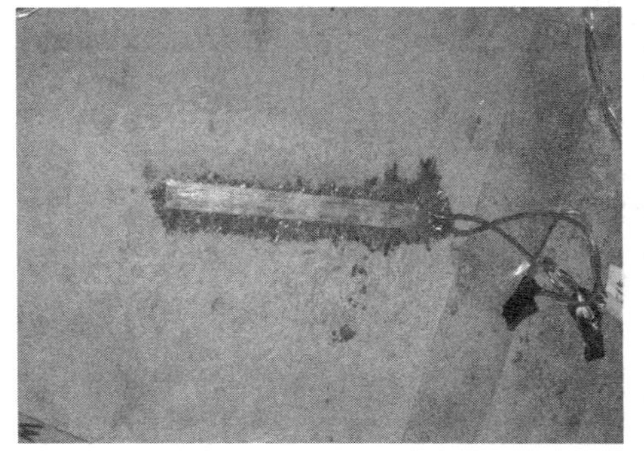

图 9-19　混凝土应变片测点

图 9-20　预埋应变计测点

图 9-21　试验加载

图 9-22　跑车试验

图 9-23　跳车试验

图 9-24　埋入式应变计数据采集

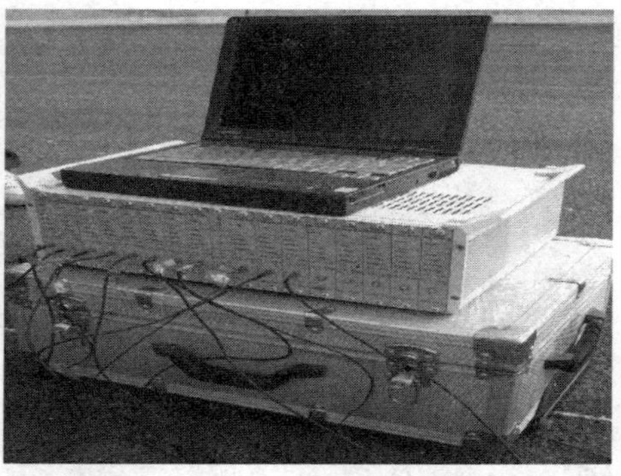

图 9-25　动载数据采集

图 9-26　挠度测量

图 9-27　TDS 数据采集

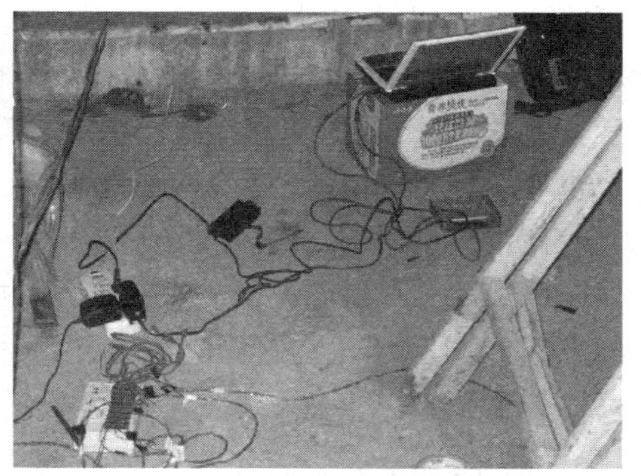

图 9-28　DH3819 无线静态应变数据采集

9.7　静载试验结果及其分析

9.7.1　桥梁承载能力的评定方法

经过荷载试验的桥梁，应根据整理的试验资料，分析结构的工作状况，进一步评定桥梁承载能力和桥梁概况。

结构性能评定依据如下：一是根据施工图进行计算得到的理论值；二是规范规定的挠度、强度和裂缝容许值。可以结合结构的具体情况，主要从以下几个方面来对连续梁桥进行评定。

（1）校验系数：实测结构 η 是试验的实测值与理论计算值的应力或挠度比，它反映结构的实际工作状态。

对于应力,则:

$$\eta_{应} = \frac{实测应力}{理论应力} \tag{9-2}$$

对于挠度,则:

$$\eta_{挠} = \frac{实测挠度}{理论挠度} \tag{9-3}$$

当 $\eta \leqslant 1$ 时,说明结构有一定的安全储备,桥梁结构的工作状况良好。η 值越小说明结构的安全储备越大,但 η 值不宜过大或者过小,如 η 值过大说明组成结构的材料强度可能较低,结构各部分联结性能较差,刚度较低等。η 值过小可能说明组成结构材料的实际强度及弹性模量较大,桥梁的混凝土铺装及人行道等与主梁共同受力,支座摩擦力对结构受力有影响,以及计算理论或者简化的计算图式偏于安全等等。另外,加载车辆的称量误差、仪表的观测误差等对 η 值也有一定的影响。对于预应力混凝土桥来说,应力校验系数一般为 0.5 ~ 0.9,挠度校验系数一般为 0.6 ~ 1.0。

(2)实测值和理论值的关系曲线:由于理论应变一般按线性关系计算,如果测点实测应变与理论计算值成正比,其关系曲线接近于直线,则说明结构处于良好的弹性工作状态。

(3)相对残余变形:测点在控制荷载工况作用下的相对残余变形 $\frac{S_p}{S_t}$ 越小,说明结构越接近弹性工作状况。一般要求 $\frac{S_p}{S_t}$ 值不大于 20%,当 $\frac{S_p}{S_t}$ 大于 20% 时应查明原因。如确系桥梁强度不足,在评定时,应酌情降低桥梁的承载能力。

(4)结构刚度要求:试验荷载作用下,主要测点挠度应不超过理论计算值。

1)边跨偏载时的挠度数据分析

表 9-6 为边跨偏载工况时,主梁边跨的实测挠度值与计算挠度值的对比。位移方向以向上为正。偏载作用点挠度值最大,8 号测点计算值为 7.18mm,实测值为 6.12mm,校验系数为 0.85。挠度校验系数在 0.83 ~ 0.98 之间,满足预应力混凝土桥挠度校验系数一般为 0.6 ~ 1.0 的要求。

图 9-29 为边跨偏载工况下,边跨的实测挠度值和计算挠度值对比图。由图中可以看出,边跨偏载工况下,各主梁的实测挠度值均小于计算挠度值,且两者变化趋势一致。

主梁边跨实测挠度和计算挠度数据表(mm)　　表9-6

工　况	测点编号	实测挠度	计算挠度	校验系数
边跨偏载	1号	-0.26	-0.27	0.97
	2号	-0.33	-0.39	0.85
	3号	-2.62	-2.94	0.89
	4号	-3.32	-3.61	0.92
	5号	-3.92	-4.40	0.89
	6号	-3.82	-4.47	0.85
	7号	-5.60	-5.77	0.97
	8号	-6.12	-7.18	0.85
	9号	-3.02	-3.11	0.97
	10号	-3.66	-3.73	0.98
	11号	-4.28	-4.50	0.95
	12号	0.17	0.20	0.87
	13号	0.10	0.12	0.83

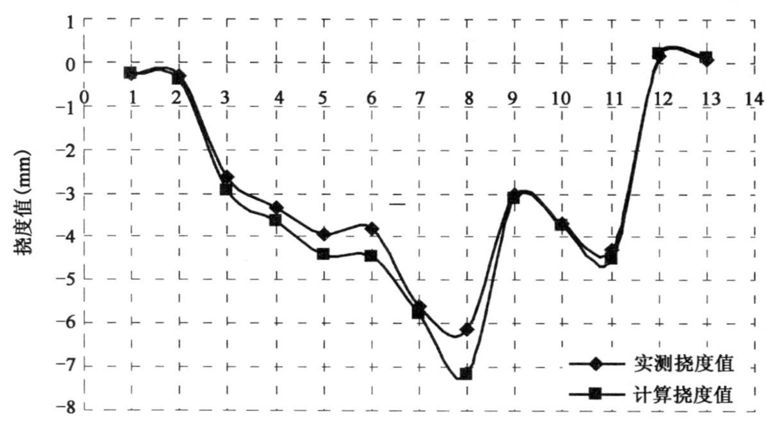

图9-29　边跨偏载时主梁边跨挠度计算值和理论值对比

2)边跨对称加载时的挠度数据分析

表9-7为边跨对称加载工况时,主梁边跨的实测挠度值与计算挠度值的对比。位移方向以向上为正。7号测点实测挠度值为3.57mm,计算挠度值为5.99mm,校验系数为0.6。挠度校验系数在0.60~0.70之间,满足预应力混凝土桥挠度校验系数一般为0.6~1.0的要求。

主梁边跨实测挠度和计算挠度数据表(mm) 表 9-7

工　况	测点编号	实测挠度	计算挠度	校验系数
边跨对称加载	1号	-0.17	-0.27	0.64
	2号	-0.16	-0.25	0.62
	3号	-2.49	-3.56	0.70
	4号	-2.39	-3.67	0.65
	5号	-2.38	-3.55	0.67
	6号	-3.26	-5.44	0.60
	7号	-3.59	-5.99	0.60
	8号	-3.75	-5.43	0.69
	9号	-2.39	-3.68	0.65
	10号	-2.31	-3.78	0.61
	11号	-2.29	-3.69	0.62
	12号	0.12	0.19	0.61
	13号	0.13	0.20	0.63

图 9-30 为边跨对称加载工况下，各主梁的实测挠度值和计算挠度值对比图。由图中可以看出，边跨对称加载时，各主梁的实测挠度值均小于计算挠度值，且两者变化趋势一致。

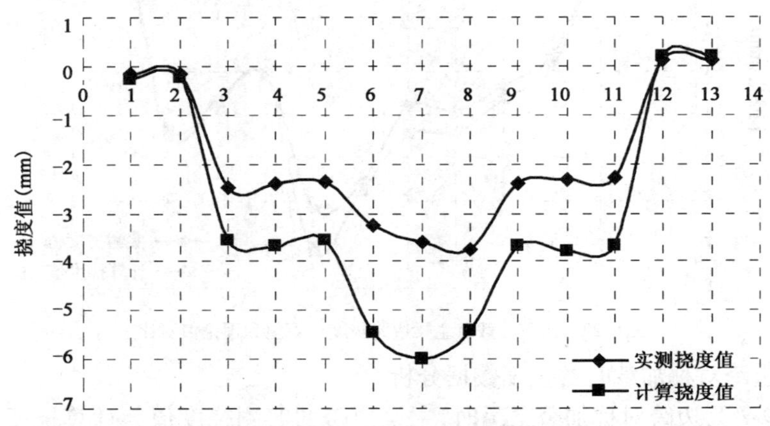

图 9-30　边跨对称加载时主梁控制截面挠度计算值和理论值对比

3)中跨偏载时的挠度数据分析

表 9-8 为中跨偏载工况时，主梁中跨各测点的实测挠度值与计算挠度值的

对比。位移方向以向上为正。8号测点实测挠度值为6.27mm，计算挠度值为7.21mm，校验系数为0.87。挠度校验系数在0.60～0.87之间，满足预应力混凝土桥挠度校验系数一般为0.6～1.0的要求。

主梁中跨实测挠度和计算挠度数据表(mm)　　表9-8

工　况	测点编号	实测挠度	计算挠度	校验系数
中跨偏载	1号	0.06	0.08	0.69
	2号	-0.02	-0.02	0.72
	3号	-1.50	-2.50	0.60
	4号	-2.02	-3.24	0.62
	5号	-2.72	-4.07	0.67
	6号	-2.44	-4.06	0.60
	7号	-4.69	-5.52	0.85
	8号	-6.27	-7.21	0.87
	9号	-1.84	-2.49	0.74
	10号	-2.63	-3.21	0.82
	11号	-2.73	-4.02	0.68
	12号	0.07	0.08	0.85
	13号	-0.02	-0.02	0.76

图9-31为中跨偏载工况下，各主梁的实测挠度值和计算挠度值对比图。由图中可以看出，边跨偏载工况下，各主梁的实测挠度值均小于计算挠度值，且二者变化趋势一致。

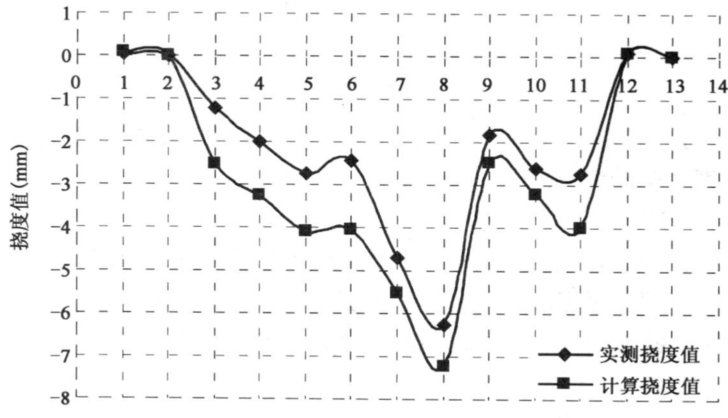

图9-31　边跨偏载时主梁边跨挠度计算值和理论值对比

4）中跨对称加载时的挠度数据分析

表9-9为中跨对称加载工况时，主梁的实测挠度值与计算挠度值的对比。位移方向以向上为正。7号测点实测挠度值为4.62mm，计算挠度值为5.71mm，校验系数为0.81。挠度校验系数在0.65～0.84之间，满足预应力混凝土桥挠度校验系数一般为0.6～1.0的要求。

主梁中跨实测挠度和计算挠度数据表（mm）　　表9-9

工　况	测点编号	实测挠度	计算挠度	校验系数
中跨对称加载	1号	0.05	0.08	0.66
	2号	0.08	0.10	0.84
	3号	-2.50	-3.17	0.79
	4号	-2.12	-3.28	0.65
	5号	-2.32	-3.18	0.73
	6号	-3.52	-5.19	0.68
	7号	-4.62	-5.71	0.81
	8号	-3.52	-5.18	0.68
	9号	-2.54	-3.17	0.80
	10号	-2.42	-3.26	0.74
	11号	-2.12	-3.16	0.67
	12号	0.05	0.08	0.65
	13号	0.07	0.10	0.68

图9-32为中跨对称加载工况下，各测点的实测挠度值和计算挠度值对比图。由图中可以看出，中跨对称加载工况下，各主梁的实测挠度值均小于计算挠度值，且二者变化趋势一致。

5）挠度数据分析小结

各测点挠度实测值和理论值的对比分析可以看出（表9-10）：

（1）在试验荷载作用下，边跨实测挠度最大值为6.12mm，挠跨比为1/7696，中跨实测挠度最大值为6.27mm，挠跨比为1/8293，均远小于1/600，满足规范要求。

（2）在试验荷载作用下，各主梁的变形符合荷载横向分布规律，主梁间的连接良好可靠。

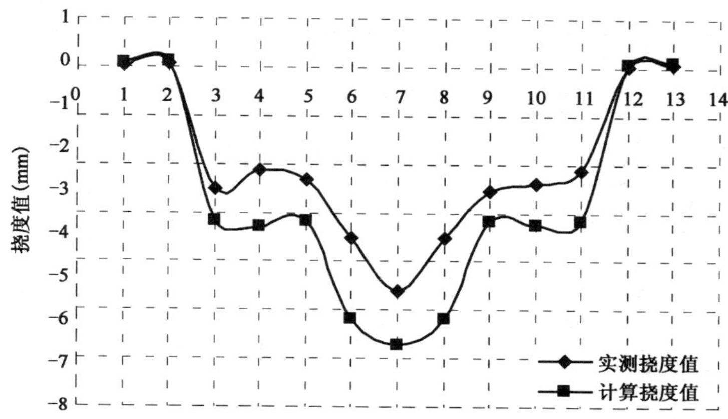

图9-32　中跨对称加载时主梁控制截面挠度计算值和理论值对比

主梁各工况挠度实测值和理论值对比分析及校验系数一览表　　表9-10

工　况	测点编号	实测挠度	计算挠度	校验系数
边跨偏载	1号	-0.26	-0.27	0.97
	2号	-0.33	-0.39	0.85
	3号	-2.62	-2.94	0.89
	4号	-3.32	-3.61	0.92
	5号	-3.92	-4.40	0.89
	6号	-3.82	-4.47	0.85
	7号	-5.60	-5.77	0.97
	8号	-6.12	-7.18	0.85
	9号	-3.02	-3.11	0.97
	10号	-3.66	-3.73	0.98
	11号	-4.28	-4.50	0.95
	12号	0.17	0.20	0.87
	13号	0.10	0.12	0.83
边跨对称加载	1号	-0.17	-0.27	0.64
	2号	-0.16	-0.25	0.62
	3号	-2.49	-3.56	0.70
	4号	-2.39	-3.67	0.65
	5号	-2.38	-3.55	0.67

续上表

工　况	测点编号	实测挠度	计算挠度	校验系数
边跨对称加载	6号	-3.26	-5.44	0.60
	7号	-3.59	-5.99	0.60
	8号	-3.75	-5.43	0.69
	9号	-2.39	-3.68	0.65
	10号	-2.31	-3.78	0.61
	11号	-2.29	-3.69	0.62
	12号	0.12	0.19	0.61
	13号	0.13	0.20	0.63
中跨偏载	1号	0.06	0.08	0.69
	2号	-0.02	-0.02	0.72
	3号	-1.50	-2.50	0.60
	4号	-2.02	-3.24	0.62
	5号	-2.72	-4.07	0.67
	6号	-2.44	-4.06	0.60
	7号	-4.69	-5.52	0.85
	8号	-6.27	-7.21	0.87
	9号	-1.84	-2.49	0.74
	10号	-2.63	-3.21	0.82
	11号	-2.73	-4.02	0.68
	12号	0.07	0.08	0.85
	13号	-0.02	-0.02	0.76
中跨对称加载	1号	0.05	0.08	0.66
	2号	0.08	0.10	0.84
	3号	-2.50	-3.17	0.79
	4号	-2.12	-3.28	0.65
	5号	-2.32	-3.18	0.73
	6号	-3.52	-5.19	0.68
	7号	-4.62	-5.71	0.81
	8号	-3.52	-5.18	0.68
	9号	-2.54	-3.17	0.80
	10号	-2.42	-3.26	0.74
	11号	-2.12	-3.16	0.67
	12号	0.05	0.08	0.65
	13号	0.07	0.10	0.68

9.7.2　应力实测数据分析

1)边跨偏载时的应力分析

表 9-11 为边跨偏载时 A 截面的应力计算值与实测值的对比。应力方向以受拉为正,受压为负。

边跨偏载作用下 A 截面的应力　　表 9-11

工　况	顶板测点应力			
	测点编号	实测值(Pa)	计算值(Pa)	校验系数
边跨偏载	A1	-3.70×10^5	-6.73×10^5	0.55
	A2	-4.08×10^5	-7.04×10^5	0.58
	A3	-6.03×10^5	-6.85×10^5	0.88
	A4	-6.97×10^5	-1.01×10^5	0.69
	A5	-5.30×10^5	-9.29×10^5	0.57
	A6	-5.62×10^5	-6.24×10^5	0.90
	A7	-5.61×10^5	-1.10×10^6	0.51
	A8	-7.87×10^5	-1.27×10^6	0.62
	A9	-6.67×10^5	-1.15×10^6	0.58
	A10	-4.94×10^5	-9.88×10^5	0.50
	A11	-5.50×10^5	-9.83×10^5	0.56
工　况	底板测点应力			
	测点编号	实测值(Pa)	计算值(Pa)	校验系数
边跨偏载	A12	1.11×10^6	1.35×10^6	0.82
	A13	1.14×10^6	1.34×10^6	0.85
	A14	1.40×10^6	1.71×10^6	0.82
	A15	1.26×10^6	1.72×10^6	0.73
	A16	1.33×10^6	1.53×10^6	0.87
	A17	1.19×10^6	1.34×10^6	0.89
	A18	1.40×10^6	1.60×10^6	0.88
	A19	1.44×10^6	1.82×10^6	0.79
	A20	1.33×10^6	1.56×10^6	0.85
	A21	1.19×10^6	1.33×10^6	0.89
	A22	1.37×10^6	1.53×10^6	0.90
	A23	1.54×10^6	1.95×10^6	0.79
	A24	1.44×10^6	1.96×10^6	0.73

从表 9-11 中可以看出,边跨偏载工况下,顶板实测最大压应力为0.787MPa,底板实测最大拉应力为 1.54MPa。顶板应力校验系数在 0.50 ~ 0.90 之间,满足预应力混凝土桥应力校验系数一般为 0.5 ~ 0.9 的要求。底板应力校验系数在 0.73 ~ 0.90,满足预应力混凝土桥应力校验系数一般为 0.5 ~ 0.9 的要求。

从图 9-33、图 9-34 可以看出,边跨偏载时,顶板及底板测点的实测应力均小于计算应力,且变化趋势与计算值相同。

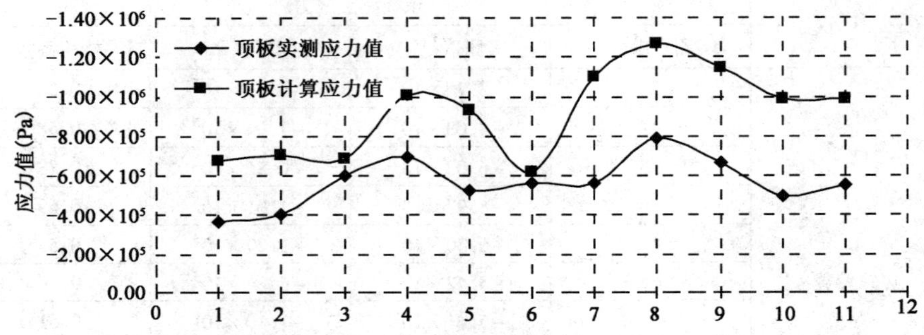

图 9-33　边跨偏载作用下 A 截面顶板的应力

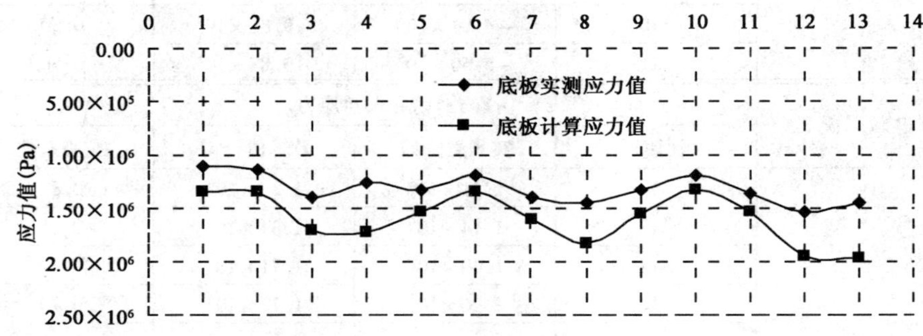

图 9-34　边跨偏载作用下 A 截面底板的应力

2)边跨对称加载时的应力分析

表 9-12 为边跨对称加载时 A 截面的应力计算值与实测值的对比。应力方向以受拉为正,受压为负。

从表 9-12 中可以看出,边跨对称加载工况下,顶板实测最大压应力为0.795 MPa,底板实测最大拉应力为 1.52MPa。顶板应力校验系数在 0.51 ~ 0.90,满足预应力混凝土桥应力校验系数一般为 0.5 ~ 0.9 的要求。底板应力检验系数 0.52 ~ 0.89,满足预应力混凝土桥应力校验系数一般为 0.5 ~ 0.9 的要求。

边跨对称荷载作用下 A 截面的应力　　表 9-12

工况	顶板测点应力			
	测点编号	实测值(Pa)	计算值(Pa)	校验系数
边跨对称加载	A1	-5.88×10^5	-1.11×10^6	0.53
	A2	-6.33×10^5	-1.15×10^6	0.55
	A3	-7.62×10^5	-1.36×10^6	0.56
	A4	-4.90×10^5	-5.97×10^5	0.82
	A5	-5.16×10^5	-8.07×10^5	0.64
	A6	-2.16×10^5	-2.40×10^5	0.90
	A7	-5.50×10^5	-7.75×10^5	0.71
	A8	-3.02×10^5	-4.87×10^5	0.62
	A9	-7.95×10^5	-1.37×10^6	0.58
	A10	-5.98×10^5	-1.15×10^6	0.52
	A11	-5.61×10^5	-1.10×10^6	0.51
工况	底板测点应力			
	测点编号	实测值(Pa)	计算值(Pa)	校验系数
边跨对称加载	A12	1.24×10^6	2.37×10^6	0.52
	A13	1.45×10^6	2.39×10^6	0.61
	A14	1.38×10^6	1.74×10^6	0.79
	A15	1.24×10^6	1.47×10^6	0.84
	A16	1.31×10^6	1.62×10^6	0.81
	A17	1.45×10^6	1.69×10^6	0.86
	A18	1.38×10^6	1.55×10^6	0.89
	A19	1.41×10^6	1.68×10^6	0.84
	A20	1.31×10^6	1.59×10^6	0.82
	A21	1.17×10^6	1.47×10^6	0.80
	A22	1.35×10^6	1.75×10^6	0.77
	A23	1.52×10^6	2.43×10^6	0.63
	A24	1.41×10^6	2.41×10^6	0.59

从图 9-35、图 9-36 可以看出，边跨对称加载工况下，各测点的实测应力变化趋势与计算值相同，且实测应力值比计算值小。

3）中跨偏载时的应力分析

表 9-13 为中跨偏载时 B 截面的应力计算值与实测值的对比。应力方向以受拉为正，受压为负。

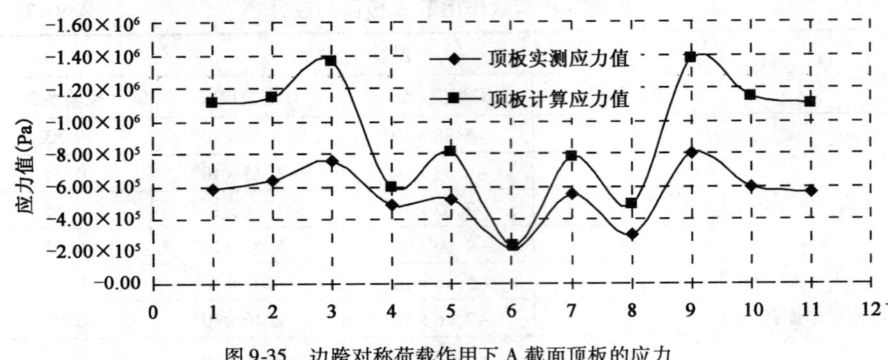

图 9-35　边跨对称荷载作用下 A 截面顶板的应力

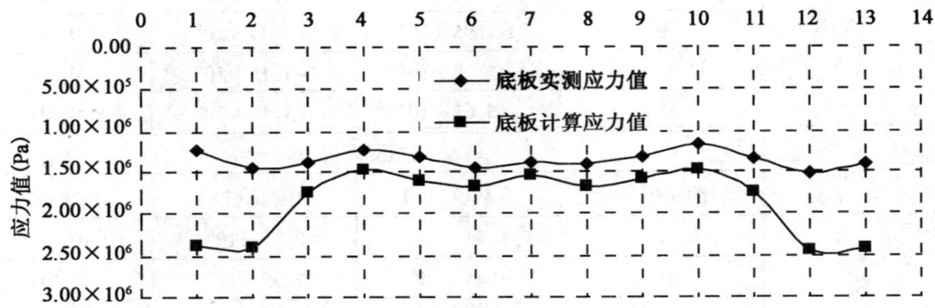

图 9-36　边跨对称荷载作用下 A 截面底板的应力

中跨偏载作用下 B 截面的应力　　表 9-13

工　况	顶板测点应力			
	测点编号	实测值(Pa)	计算值(Pa)	校验系数
中跨偏载	B1	-4.83×10^5	-8.67×10^5	0.56
	B2	-4.49×10^5	-8.34×10^5	0.54
	B3	-3.44×10^5	-5.06×10^5	0.68
	B4	-2.82×10^5	-3.40×10^5	0.83
	B5	-5.18×10^5	-7.91×10^5	0.65
	B6	-2.67×10^5	-3.38×10^5	0.79
	B7	-7.94×10^5	-1.09×10^6	0.73
	B8	-6.90×10^5	-1.27×10^6	0.54
	B9	-8.63×10^5	-1.12×10^6	0.77
	B10	-6.56×10^5	-8.90×10^5	0.74
	B11	-7.24×10^5	-8.83×10^5	0.82

续上表

工　况	底板测点应力			
	测点编号	实测值(Pa)	计算值(Pa)	校验系数
中跨偏载	B12	8.26×10^5	1.27×10^6	0.65
	B13	7.61×10^5	1.29×10^6	0.59
	B14	1.35×10^6	1.84×10^6	0.73
	B15	1.21×10^6	1.92×10^6	0.63
	B16	1.24×10^6	1.55×10^6	0.80
	B17	9.76×10^6	1.19×10^6	0.82
	B18	1.10×10^6	1.59×10^6	0.69
	B19	1.14×10^6	2.16×10^6	0.53
	B20	1.17×10^6	1.55×10^6	0.75
	B21	1.16×10^6	1.26×10^6	0.82
	B22	1.23×10^6	1.48×10^6	0.83
	B23	1.24×10^6	2.09×10^6	0.59
	B24	1.31×10^6	2.01×10^6	0.65

从表 9-13 中可以看出，中跨偏载工况下，顶板实测最大压应力为 0.79MPa，底板实测最大拉应力为 1.35MPa，顶板校验系数在 0.54 ~ 0.83，满足预应力混凝土桥应力校验系数一般为 0.5 ~ 0.9 的要求。底板校验系数在 0.53 ~ 0.83，满足预应力混凝土桥应力校验系数一般为 0.5 ~ 0.9 的要求。

从图 9-37、图 9-38 可以看出，中跨偏载工况下，各测点的实测应力变化趋势与计算值相同，且实测应力值比计算值小。

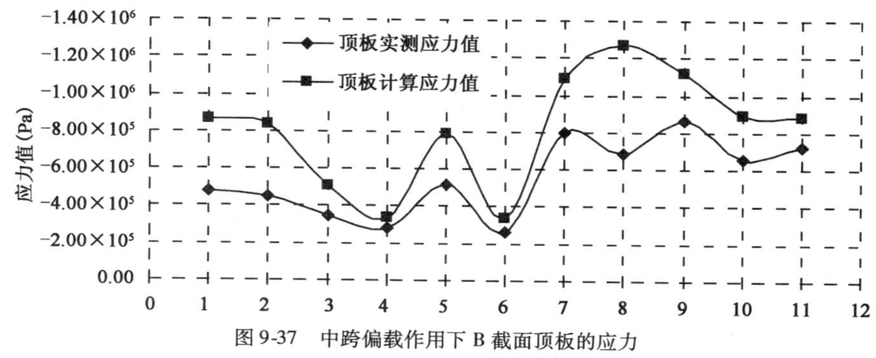

图 9-37　中跨偏载作用下 B 截面顶板的应力

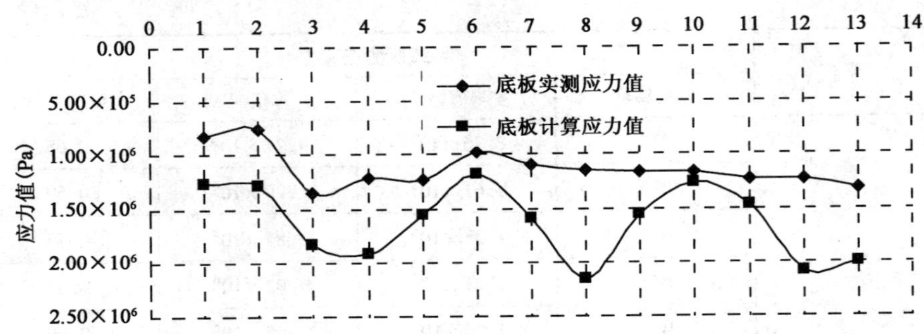

图 9-38　中跨偏载作用下 B 截面底板的应力

4) 中跨对称加载时的应力分析

表 9-14 为中跨对称加载时 B 截面的应力计算值与实测值的对比。应力方向以受拉为正,受压为负。

中跨对称荷载作用下 B 截面的应力　　表 9-14

工　况	顶板测点应力			
	测点编号	实测值(Pa)	计算值(Pa)	校验系数
中跨对称加载	B1	-7.25×10^5	-9.97×10^5	0.73
	B2	-5.25×10^5	-1.05×10^6	0.50
	B3	-8.97×10^5	-1.36×10^6	0.66
	B4	-3.74×10^5	-4.30×10^5	0.87
	B5	-5.52×10^5	-6.98×10^5	0.79
	B6	-1.61×10^5	-1.87×10^5	0.86
	B7	-4.49×10^5	-6.69×10^5	0.67
	B8	-2.89×10^5	-3.28×10^5	0.88
	B9	-1.22×10^6	-1.37×10^6	0.89
	B10	-8.01×10^5	-1.04×10^6	0.77
	B11	-6.90×10^5	-9.87×10^5	0.70
工　况	底板测点应力			
	测点编号	实测值(Pa)	计算值(Pa)	校验系数
中跨对称加载	B12	1.52×10^6	2.47×10^6	0.62
	B13	1.41×10^6	2.61×10^6	0.54
	B14	1.38×10^6	1.62×10^6	0.85
	B15	1.10×10^6	1.25×10^6	0.88

续上表

工　况	底板测点应力			
	测点编号	实测值(Pa)	计算值(Pa)	校验系数
中跨对称加载	B16	1.30×10^6	1.46×10^6	0.89
	B17	1.38×10^6	1.57×10^6	0.88
	B18	1.21×10^6	1.39×10^6	0.87
	B19	1.35×10^6	1.56×10^6	0.87
	B20	1.14×10^6	1.41×10^6	0.81
	B21	1.11×10^6	1.26×10^6	0.88
	B22	1.31×10^6	1.63×10^6	0.80
	B23	1.52×10^6	2.66×10^6	0.57
	B24	1.46×10^6	2.51×10^6	0.58

从表 9-14 中可以看出，中跨对称荷载工况下，顶板实测最大压应力为0.897 MPa，底板实测最大拉应力为 1.52MPa。顶板应力校验系数 0.50 ~ 0.89，满足预应力混凝土桥应力校验系数一般为 0.5 ~ 0.9 的要求。底板校验系数在 0.54 ~ 0.89，满足预应力混凝土桥应力校验系数一般为 0.5 ~ 0.9 的要求。

从图 9-39、图 9-40 可以看出，中跨对称加载工况下，各测点的实测应力变化趋势与计算值相同，且实测应力值比计算值小。

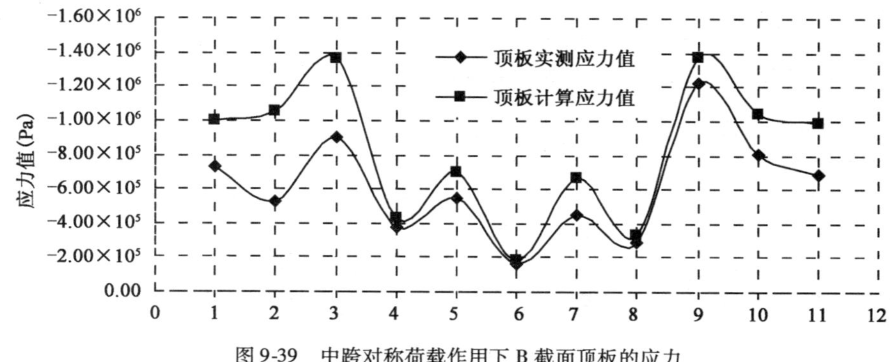

图 9-39　中跨对称荷载作用下 B 截面顶板的应力

5）支座最大负弯矩工况应力分析

表 9-15 为支座负弯矩工况时 C 截面的应力计算值与实测值的对比。应力方向以受拉为正，受压为负。

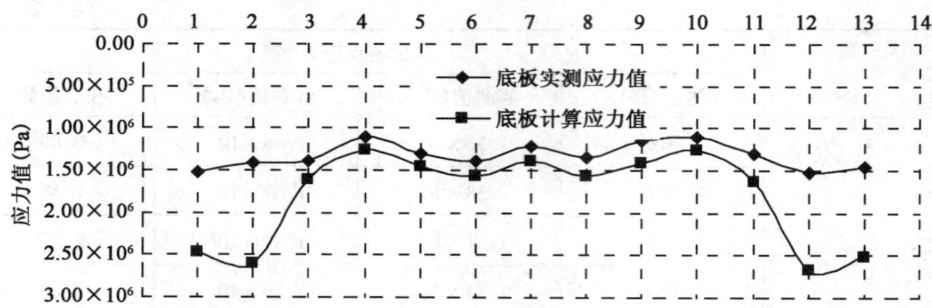

图9-40 中跨对称荷载作用下B截面底板的应力

支座负弯矩作用下C截面的应力 表9-15

工况	顶板测点应力			
	测点编号	实测值(Pa)	计算值(Pa)	校验系数
负弯矩	C1	1.73×10^5	2.93×10^5	0.59
	C2	1.38×10^5	3.76×10^5	0.37
	C3	1.38×10^5	3.39×10^5	0.41
	C4	1.04×10^5	3.43×10^5	0.30
	C5	1.04×10^5	4.11×10^5	0.25
	C6	2.07×10^5	3.38×10^5	0.61
	C7	1.54×10^5	3.42×10^5	0.45
	C8	3.45×10^4	3.78×10^5	0.09
	C9	6.90×10^4	2.90×10^5	0.24
工况	底板测点应力			
	测点编号	实测值(Pa)	计算值(Pa)	校验系数
负弯矩	C10	-5.77×10^4	-4.81×10^5	0.12
	C11	-4.44×10^4	-4.93×10^5	0.09
	C12	-3.45×10^4	-4.33×10^5	0.08
	C13	-3.45×10^4	-4.33×10^5	0.08
	C14	-3.96×10^4	-4.95×10^5	0.08
	C15	-3.45×10^4	-4.37×10^5	0.08
	C16	-6.90×10^4	-4.39×10^5	0.16
	C17	-3.45×10^4	-4.94×10^5	0.07
	C18	-6.90×10^4	-4.84×10^5	0.14

从表 9-15 中可以看出，在支座最大负弯矩工况下，顶板最大压应力实测值 0.207MPa，底板最大拉应力 0.069MPa。顶板校验系数 0.09 ~ 0.61，底板校验系数 0.08 ~ 0.16，满足预应力混凝土桥检测要求。

从图 9-41、图 9-42 可以看出，支座最大负弯矩加载工况下，顶板及底板测点的实测应力变化趋势与计算值相同，且实测应力值比计算值小。

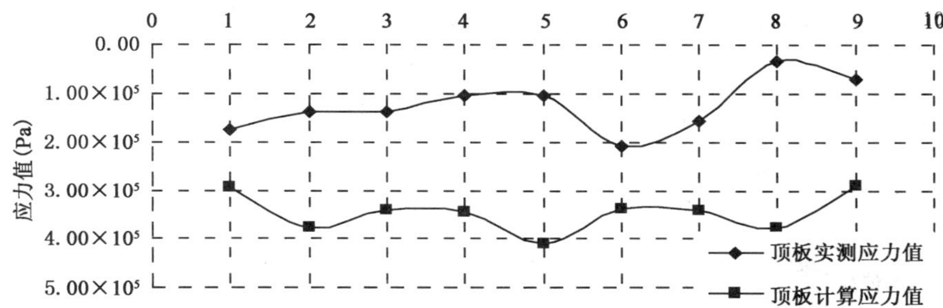

图 9-41　支座最大负弯矩作用下 C 截面顶板应力

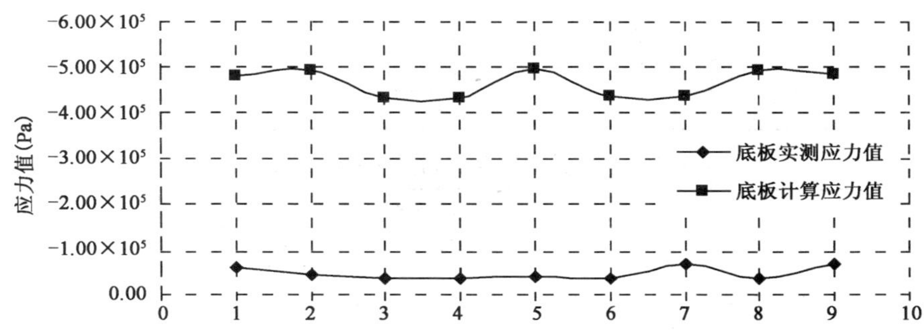

图 9-42　支座最大负弯矩作用下 C 截面底板应力

9.8　相对残余变形、应变检验

这项指标是检验结构弹性恢复能力，当试验荷载作用后，所产生的变形（挠度或应变）S_t 与卸载后的恢复变形 S_e 之差为残余变形 S_p，该值在试验荷载作用下的变形 S_t 所占比例即为相对残余变形 S'_p。计算表达式为：

$$S'_p = \frac{S_p}{S_t} \times 100\%$$

9.8.1 相对残余变形分析

表9-16～表9-19为工况1～工况4，试验跨各主梁控制截面相对残余变形。

边跨偏载边跨主梁控制截面相对残余变形　　表9-16

工　况	测点编号	残余挠度(%)		是否满足
		测量值	允许值	
边跨偏载	1号	4.58	20	满足
	2号	6.21		满足
	3号	5.96		满足
	4号	3.59		满足
	5号	7.88		满足
	6号	6.27		满足
	7号	1.61		满足
	8号	8.42		满足
	9号	6.52		满足
	10号	2.93		满足
	11号	2.00		满足
	12号	8.47		满足
	13号	5.63		满足

边跨对称荷载边跨主梁控制截面相对残余变形　　表9-17

工　况	测点编号	残余挠度(%)		是否满足
		测量值	允许值	
边跨对称加载	1号	3.75	20	满足
	2号	9.21		满足
	3号	8.42		满足
	4号	5.87		满足
	5号	3.20		满足
	6号	5.00		满足
	7号	6.36		满足
	8号	3.08		满足
	9号	4.89		满足
	10号	3.33		满足
	11号	0.00		满足
	12号	4.62		满足
	13号	5.82		满足

中跨偏载中跨主梁控制截面相对残余变形 表9-18

工况	测点编号	残余挠度(%)		是否满足
		测量值	允许值	
中跨偏载	1号	5.60	20	满足
	2号	4.65		满足
	3号	5.19		满足
	4号	10.50		满足
	5号	10.00		满足
	6号	4.25		满足
	7号	0.88		满足
	8号	20.00		满足
	9号	6.30		满足
	10号	1.15		满足
	11号	0.00		满足
	12号	3.96		满足
	13号	4.59		满足

中跨对称荷载中跨主梁控制截面相对残余变形 表9-19

工况	测点编号	残余挠度(%)		是否满足
		测量值	允许值	
中跨对称加载	1号	5.93	20	满足
	2号	4.82		满足
	3号	3.49		满足
	4号	5.71		满足
	5号	2.64		满足
	6号	2.86		满足
	7号	7.39		满足
	8号	1.14		满足
	9号	5.90		满足
	10号	10.42		满足
	11号	2.00		满足
	12号	6.94		满足
	13号	4.67		满足

从表 9-16 ~ 表 9-19 中所列出的相对残余变形可以看出：在试验荷载作用下，本桥试验跨控制截面卸载后其相对残余变形均在《大跨径混凝土桥梁的试验方法》规定的 20% 以内，表明结构在卸载后的变形能及时恢复，处于弹性工作状态。

9.8.2 相对残余应变分析

表 9-20 ~ 表 9-24 为各控制截面相对残余应变分析。

边跨偏载 A 截面相对残余应变 表 9-20

工况	测点编号	残余应变(%)		是否满足
		测量值	允许值	
边跨偏载	A1	10.45	20	满足
	A2	18.42		满足
	A3	0.00		满足
	A4	0.00		满足
	A5	5.56		满足
	A6	5.88		满足
	A7	0.00		满足
	A8	0.00		满足
	A9	8.45		满足
	A10	6.67		满足
	A11	15.38		满足
	A12	2.94		满足
	A13	7.69		满足
	A14	2.63		满足
	A15	5.88		满足
	A16	8.57		满足
	A17	5.26		满足
	A18	0.00		满足
	A19	7.69		满足
	A20	7.69		满足
	A21	5.56		满足
	A22	0.00		满足
	A23	2.38		满足
	A24	5.13		满足

表 9-20 表明，在边跨偏载作用下，A 截面卸载后其相对残余应变均在《大跨径混凝土桥梁的试验方法》规定的 20% 以内，表明结构在卸载后的变形能及时恢复，处于弹性工作状态。

边跨对称荷载 A 截面相对残余应变　　表 9-21

工　况	测点编号	残余应变(%)		是否满足
		测量值	允许值	
边跨对称加载	A1	5.78	20	满足
	A2	9.23		满足
	A3	4.55		满足
	A4	5.00		满足
	A5	13.33		满足
	A6	18.75		满足
	A7	12.50		满足
	A8	7.89		满足
	A9	10.65		满足
	A10	11.34		满足
	A11	7.69		满足
	A12	9.45		满足
	A13	11.90		满足
	A14	2.50		满足
	A15	13.89		满足
	A16	13.16		满足
	A17	14.29		满足
	A18	0.00		满足
	A19	9.76		满足
	A20	13.16		满足
	A21	11.76		满足
	A22	2.56		满足
	A23	2.27		满足
	A24	7.32		满足

表 9-21 表明，在边跨对称荷载作用下，A 截面卸载后其相对残余应变均在《大跨径混凝土桥梁的试验方法》规定的 20% 以内，表明结构在卸载后的变形能及时恢复，处于弹性工作状态。

中跨偏载 B 截面相对残余应变 表 9-22

工况	测点编号	残余应变(%)		是否满足
		测量值	允许值	
中跨偏载	B1	3.85	20	满足
	B2	10.53		满足
	B3	12.00		满足
	B4	10.00		满足
	B5	17.39		满足
	B6	15.43		满足
	B7	6.67		满足
	B8	11.11		满足
	B9	10.34		满足
	B10	7.69		满足
	B11	7.14		满足
	B12	7.89		满足
	B13	2.78		满足
	B14	6.89		满足
	B15	13.51		满足
	B16	11.76		满足
	B17	12.12		满足
	B18	6.25		满足
	B19	5.71		满足
	B20	13.89		满足
	B21	11.43		满足
	B22	5.13		满足
	B23	4.65		满足
	B24	9.46		满足

表 9-22 表明,在中跨偏载作用下,B 截面卸载后其相对残余应变均在《大跨径混凝土桥梁的试验方法》规定的 20% 以内,表明结构在卸载后的变形能及时恢复,处于弹性工作状态。

中跨对称荷载 B 截面相对残余应变　　表 9-23

工　况	测点编号	残余应变(%)		是否满足
		测量值	允许值	
中跨对称加载	B1	19.05	20	满足
	B2	20.00		满足
	B3	7.69		满足
	B4	5.88		满足
	B5	0.00		满足
	B6	4.69		满足
	B7	7.69		满足
	B8	5.88		满足
	B9	8.33		满足
	B10	9.57		满足
	B11	15.00		满足
	B12	15.91		满足
	B13	12.20		满足
	B14	15.43		满足
	B15	18.60		满足
	B16	16.34		满足
	B17	20.00		满足
	B18	8.57		满足
	B19	13.89		满足
	B20	11.59		满足
	B21	16.67		满足
	B22	7.89		满足
	B23	6.82		满足
	B24	0.00		满足

表 9-23 表明,在中跨对称荷载作用下,B 截面卸载后其相对残余应变均在《大跨径混凝土桥梁的试验方法》规定的 20% 以内,表明结构在卸载后的变形能及时恢复,处于弹性工作状态。

支座最大负弯矩 C 截面相对残余应变　　表 9-24

工　况	测点编号	残余应变(%)		是否满足
		测量值	允许值	
负弯矩	C1	2.00	20	满足
	C2	0.00		满足
	C3	2.50		满足
	C4	3.33		满足
	C5	0.00		满足
	C6	0.00		满足
	C7	5.34		满足
	C8	9.28		满足
	C9	0.00		满足
	C10	3.65		满足
	C11	7.23		满足
	C12	0.00		满足
	C13	13.00		满足
	C14	2.10		满足
	C15	6.00		满足
	C16	2.50		满足
	C17	7.00		满足
	C18	3.50		满足

表 9-24 表明,在支座最大负弯矩荷载作用下,C 截面卸载后其相对残余应变均在《大跨径混凝土桥梁的试验方法》规定的 20% 以内,表明结构在卸载后的变形能及时恢复,处于弹性工作状态。

附录 A　钢材及其加工缺陷的修补

A.0.1　钢材局部表面的麻坑或伤痕深度为 0.3 ~ 1mm 时,可磨修匀顺;深度超过 1mm 时,应在补焊后磨修匀顺。

A.0.2　钢材局部边缘的层状裂纹深度不超过 5mm 时,可先清除裂纹后补焊并磨修。

A.0.3　当气割边缘的切口或崩坑深度小于 2mm 时,可磨修匀顺;当深度超过 2mm 时,应在铲磨出坡口后补焊与磨修。

A.0.4　对于弯曲加工时产生的边缘裂纹,应在查明原因后,按本附录 A.0.2条的规定办理。

A.0.5　未熔透、夹渣、气孔、凹坑、焊瘤等,用碳弧气刨等刨掉后补焊并修磨。

A.0.6　焊缝表面高低不平时,应用砂轮修磨匀顺。焊缝咬边时,用砂轮修磨匀顺,深度大于 1mm 者补焊后用砂轮修磨。

A.0.7　高强度螺栓拼接部位错位。错位大于 1mm 小于 3mm 可用砂轮打磨匀顺或加工成 1∶10 的坡度;错位大于 3mm 时加垫板。

附录 B　波形钢腹板制作检验记录表

波形钢腹板下料检验记录表

附表 B-1

（编号：　　　　　　）　　　　GFB/QM-

建设项目		合同段		单位工程	
施工单位		监理单位		部位	
加工单位		加工日期		板号	
序号	检验项目	检验方法	设计值	允许偏差	检验结果
1	钢板出厂证明	查记录			
2	钢板复验证明	查记录			
3	长度(mm)	尺量		±2	
4	宽度(mm)	尺量		±2	
5	板角垂直度	尺量		≤1/1000	
6	板边顺直度	尺量			
7	切割面垂直度	尺量		≤0.05t	
8	崩坑	尺量		1m 内允许一处 1mm	
9	坡口角度(°)	尺量		≤5°	
10	切割面粗糙度	尺量		≤25μm	
11	孔间距(mm)	尺量		螺栓孔≤1mm,PBL 孔≤2mm	
12	孔径(mm)	尺量		螺栓孔 0～0.7mm,PBL 孔≤2mm	
检查结论： 质检：　　　年　月　日			监理意见： 监理：　　　年　月　日		

附表 B-2

波形钢腹板焊接检验记录表

（编号：　　　　　　）　　　GFB/QM-

建设项目		合同段		单位工程	
施工单位		监理单位		部位	
加工单位		焊接日期		板号	
焊接方法		焊材批号		焊材牌号	
序号	检验项目	检验方法	设计值	允许偏差	检验结果
1	气孔	观察		不允许	
2	焊材证明	查记录			
3	复验证明	查记录			
4	裂纹	观察		不允许	
5	未融合	观察		不允许	
6	夹渣	观察		不允许	
7	咬边	观察		不允许	
8	未焊满	观察		不允许	
9	焊波（mm）	观察		25mm 范围小于 2	
10	焊缝错边（mm）	尺量		$\leqslant 0.1t$ 且 $\leqslant 2$	
11	余高（mm）	尺量		$\leqslant 3$	
12	焊脚尺寸（mm）	尺量		0 ~ 4	
13	焊缝宽度（mm）	尺量		1.5	
14	无损检测	查报告			
15	旱钉长度（mm）	尺量		不小于设计	
16	旱钉间距（mm）	尺量		$\leqslant 2$	
检查结论： 质检：　　年　月　日			监理意见： 监理：　　年　月　日		

附表 B-3

波形钢腹板节段检验记录表

（编号：　　　　　）　　　　GFB/QM-

建设项目		合同段		单位工程	
施工单位		监理单位		部位	
加工单位		加工日期		板号	
序号	检验项目	检验方法	设计值	允许偏差	检验结果
1	节段长(mm)	尺量,2 点		±2	
2	腹板高(mm)	尺量,2 点		±2	
3	波高(mm)	尺量,3 点		±5	
4	平面弯曲度(mm)	尺量,2 点		±5	
5	板角垂直度(mm)	尺量,4 点		≤1/1000	
6	平整度(mm)	尺量,3 点		≤H/250,5	
7	翼缘板平整度(mm)	尺量,2 上下各点		±2	
8	翼缘板直角度(mm)	尺量,上下各 2 点		±2	
9	腹板表面损伤	观察		≤0.5 且≤t 允许偏差/2	
检查结论： 质检：　　　年　月　日			监理意见： 监理：　　　年　月　日		

附表 B-4

波形钢腹板涂装检验记录表

（编号：　　　　　　）　　　　GFB/QM-

建设项目		合同段		单位工程	
施工单位		监理单位		部位	
加工单位		涂装条件 1		板号	
涂装条件 2		涂装条件 3		涂装条件 4	
序号	检验项目	检验方法	设计值	允许偏差	检验结果
1	铝丝	查记录		≥99.5%	
2	表面处理	粗糙度仪	Sa3 级 Rz50 ~ 100	符合设计要求	
3	喷铝厚度	测厚仪	120μm	0 ~ +15	
4	喷铝附着力	拉力测试	≥5.9MPa	不允许	
5	涂层材质 1	查记录		不允许	
6	涂层材质 2	查记录		不允许	
7	涂层材质 3	查记录		不允许	
8	涂层厚度 1	测厚仪		-5 ~ +15	
9	涂层厚度 2	测厚仪		-5 ~ +15	
10	涂层厚度 3	测厚仪		-5 ~ +15	
11	涂层总厚度	测厚仪		0 ~ +30	
12	涂层附着力	划格 3×3	一级	符合设计要求	
13	涂层表面质量	目测	均匀，无剥落、起泡、裂纹、气孔	符合设计要求	
14	标志	目测	正确醒目	符合设计要求	
检查结论： 质检：　　年　月　日			监理意见： 监理：　　年　月　日		

附录 C　焊接工艺评定

C.1　一般要求

C.1.1　焊接工艺评定(以下简称“评定”)是编制焊接工艺的依据。

C.1.2　评定条件应与产品焊接条件相对应,评定应使用与产品相同牌号和质量等级的钢材及焊接材料。

C.1.3　首次采用的钢材和焊接材料必须进行评定,已评定并批准的工艺,可不再进行评定;遇有下列情况之一者,应重新进行评定:

——钢种改变;

——焊接材料改变;

——焊接方法或焊接位置改变;

——衬垫材质改变;

——焊接电流、焊接电压或焊接速度改变 ±10% 以上;

——坡口形状和尺寸改变(坡口角度减少 10°以上,钝边增大 2mm 以上,根部间隙减小 2mm 以上);

——预热温度低于规定值下限温度 20℃;

——电流种类及极性改变或电弧金属过渡方式改变。

C.2　试板

C.2.1　试板宜选用碳当量偏标准上限的母材制备,其试验条件应考虑约束状态。

C.2.2　对接接头试板、熔透或部分熔透的角接接头和 T 形接头试板应根据设计图选择有代表性的板厚进行评定试验。

C.2.3　角焊缝试板可按每一焊脚尺寸选定一种板厚组合进行评定试验,经核准后其评定对同一焊脚尺寸的各种板厚组合均有效。

C.2.4　试板长度应根据样坯尺寸、数量(含附加试样数量)等因素予以综合考虑,自动焊不得小于 600mm,手工焊、CO_2 气体(混合气体)保护焊不得小于 400mm。

C.3　试验及检验

C.3.1　焊缝的外观质量应符合《建筑钢结构焊接技术规程》(JGJ 81—2002)的规定。

C.3.2　评定试板焊缝应沿焊缝全长进行超声波探伤，质量等级应符合《钢焊缝手工超声波探伤方法和探伤结构分级》（GB 11345—1989）的规定。

C.3.3　样坯截取位置应根据焊缝外形及探伤结果，在试件的有效利用长度内作适当分布。试样加工前允许样坯冷矫正。

C.3.4　力学性能试验项目、试样数量及试验方法应符合表 C-1 的规定。

力学性能试验项目、试样数量（个）　　表 C-1

试件型式	试验项目	试样数量（个）
对接接头试件	接头拉伸（拉板）试验	1
	焊缝金属拉伸试验	1
	接头侧弯试验①	1
	低温冲击试验②	6
	接头硬度试验	1
熔透角焊缝、坡口角焊缝、T 形接头试件	焊缝金属拉伸试验	1
	接头硬度试验	1

注：①侧弯试验弯曲角度 $\alpha=180°$。板厚≤16mm 时，$d=2a$，板厚 >16mm 时，$d=3a$。
②缺口开在焊缝中心及热影响区（熔合线外 1mm）处各 3 个。

C.3.5　力学性能试验验收应符合下列规定：

（1）若拉伸试验结果（屈服强度、抗拉强度及延伸率）不低于母材标准值，则判为合格；当试验结果低于母材标准值时，则允许从同一试件上再取一个试样重新试验，若重新试验的结果不低于母材标准值，则仍可判为合格，否则，判为不合格。

（2）接头弯曲试验结束后，若试样受拉面上的裂纹总长不大于试样宽度的 15%，且单个裂纹长度不大于 3mm，则判为合格；当试验结果未满足上述要求时，则允许从同一试件上再取一个试样重新试验，若重新试验的结果满足上述要求，则仍判为合格，否则，判为不合格。

（3）冲击试验结果，若一组（3 个）冲击试验结果的平均值不低于规定值，且任一试验值都不小于规定值的 70% 判为合格；当试验结果未满足上述要求时，则允许从同一试件上再取一组（3 个）附加试样重新试验，若总计 6 个试验值的平均值不小于规定值，且低于规定值的试验值不多于 3 个（其中，不得有 2 个以上的试验值低于规定值的 70%，也不得有任一试验值低于规定值的 50%），则仍可判为合格，否则，判为不合格。

（4）在宏观断面上做焊接接头的硬度试验，当接头硬度值不大于 HV350 时，则判为合格，否则，判为不合格。

(5)力学性能试验结束后,若发现试样断口上有超差的缺陷,应查明产生该缺陷的原因并决定试验结果是否有效。

C.3.6 每一评定应做一次宏观断面酸蚀试验,试验方法应符合《钢的低倍组织及及缺陷酸蚀试验法》(GB 226—1991)的规定;焊缝成形系数应为1.3~2.0。

C.3.7 不同材质焊接接头的拉伸、冲击、弯曲等力学性能应按性能要求较低的材质进行评定。

C.4 焊接工艺评定报告

C.4.1 焊接工艺评定试验报告的内容应包括:

——母材和焊接材料的牌号、规格、化学成分和机械性能等;

——试板图;

——试件的焊接条件及施焊工艺参数;

——焊缝检验结果;

——机械性能试验及宏观端面酸蚀试验结果;

——结论。

参考文献

[1] 河南交通规划勘察设计研究院.大广高速公路冀豫界至南乐段两阶段施工图设计,2009.

[2] 王继成,向中富,彭凯,等.桥梁预应力及索力张拉测控技术.北京:人民交通出版社,2010.

[3] 中华人民共和国行业标准.TB 10212—2009 铁路钢桥制造规范.北京:中国铁道出版社,2009.

[4] 中华人民共和国行业标准.JTJ 041—2000 公路桥涵施工技术规范.北京:人民交通出版社,2000.

[5] 中华人民共和国国家标准.GB 50205—2001 钢结构工程施工质量验收规范.北京:中国建筑工业出版社,2001.

[6] 中华人民共和国行业标准.JTJ D62—2004 公路钢筋混凝土与预应力混凝土桥涵设计规范.北京:人民交通出版社,2004.

[7] 中华人民共和国行业标准.公路与桥梁专用设备及材料标准汇编.北京:人民交通出版社,1999.

[8] 中华人民共和国行业标准.JT/T 722—2008 公路桥梁钢结构防腐涂装技术条件.北京:人民交通出版社,2008.

[9] 中华人民共和国行业标准.JGJ 81—2002 建筑钢结构焊接技术规程.北京:中国建筑工业出版社,2002.

[10] 叶扬祥,潘肇基,等.涂装技术使用手册.北京:机械工业出版社,1999.

[11] 中华人民共和国行业标准.JTG B01—2003 公路工程技术标准.北京:人民交通出版社,2004.

[12] 中华人民共和国行业标准.JTG D60—2004 公路桥涵设计通用规范.北京:人民交通出版社,2004.

[13] 林同炎,BURNS NED H.预应力混凝土结构设计(3版).路湛沁,等译.北京:中国铁道出版社,1983.

[14] 项海帆.高等桥梁结构理论.北京:人民交通出版社,2001.

[15] 重庆市公路工程行业标准.CQJTG/T F81—2009 桥梁预应力及索力张拉施工质量检测验收规程.北京:人民交通出版社,2009.

[16] 顾安邦.桥梁工程.北京:人民交通出版社,2005.

[17] 姚玲森.桥梁工程.北京:人民交通出版社,2004.

[18] 楼庄鸿.桥梁论文集.北京:人民交通出版社,2004.

[19] 范立础,胡世德,叶爱君.大跨度桥梁抗震设计.北京:人民交通出版社,2001.

[20] 刘玉擎.组合桥梁结构.北京:人民交通出版社,2005.

[21] R 克拉夫,J 彭津.结构动力学.北京:高等教育出版社,1975.

[22] 李玉耀.大跨度钢箱梁斜拉桥施工控制误差研究.西南交通大学,2009.

[23] 刘山洪.简明预应力混凝土桥梁施工技术手册.北京:人民交通出版社,2006.

[24] 白山云,付克俭,李宗长.超长预应力束初张力及持荷时间试验研究.桥梁建设,2009.

[25] 彭卫,邢鸿燕,柯善刚.预应力混凝土连续箱梁裂缝控制研究.浙江工业大学学报,2003.

公路工程现行标准、规范、规程、指南一览表

序号	类别		编　　号	名称(书号)	定价(元)
1	基础		JTJ 002—87	公路工程名词术语(0346)	22.00
2			JTJ 003—86	公路自然区划标准(0348)	16.00
3			JTG B01—2003	公路工程技术标准(04957)	28.00
4			JTJ 004—89	公路工程抗震设计规范(0347)	15.00
5			JTG/T B02-01—2008	公路桥梁抗震设计细则(1228)	35.00
6			JTG B03—2006	公路建设项目环境影响评价规范(0927)	26.00
7			JTG B04—2010	公路环境保护设计规范(08473)	28.00
8			JTG/T B05—2004	公路项目安全性评价指南(0784)	18.00
9			JTG B06—2007	公路工程基本建设项目概算预算编制办法(06903)	26.00
10			JTG/T B06-01—2007	★公路工程概算定额(06901)	110.00
11			JTG/T B06-02—2007	★公路工程预算定额(06902)	138.00
12			JTG/T B06-03—2007	★公路工程机械台班费用定额(06900)	24.00
13			交通部定额站 2009 版	公路工程施工定额(07864)	78.00
14			JTG/T B07-01—2006	公路工程混凝土结构防腐蚀技术规范(0973)	16.00
15			交通部 2007 年第 30 号	国家高速公路网相关标志更换工作实施技术指南(1124)	58.00
16			交通部 2007 年第 35 号	收费公路联网收费技术要求(1126)	62.00
17			交通运输部 2011 年第 13 号	收费公路联网电子不停车收费技术要求(09033)	120.00
18			交通运输部 2011 年	公路工程项目建设用地指标(09402)	36.00
19	勘测		JTG C10—2007	★公路勘测规范(06570)	28.00
20			JTG/T C10—2007	★公路勘测细则(06572)	42.00
21			JTG C20—2011	公路工程地质勘察规范(09507)	65.00
22			JTG/T C21-01—2005	公路工程地质遥感勘察规范(0839)	17.00
23			JTG C30—2002	公路工程水文勘测设计规范(0604)	22.00
24			JTG/T C22—2009	公路工程物探规程(1311)	28.00
25	设计	公路	JTG D20—2006	★公路路线设计规范(0996)	38.00
26			JTG D30—2004	公路路基设计规范(05326)	48.00
27			JTG/T D31—2008	沙漠地区公路设计与施工指南(1206)	32.00
28			JTG/T D31-03—2011	★采空区公路设计与施工技术细则(09181)	40.00
29			JTG/T D32—2012	公路土工合成材料应用技术规范(09908)	42.00
30			JTG D40—2011	★公路水泥混凝土路面设计规范(09463)	40.00
31			JTG D50—2006	★公路沥青路面设计规范(06248)	36.00
32			JTJ 018—97	公路排水设计规范(0147)	12.00
33		桥隧	JTG D60—2004	公路桥涵设计通用规范(05068)	24.00
34			JTG/T D60-01—2004	公路桥梁抗风设计规范(0814)	28.00
35			JTG/T D65-01—2007	公路斜拉桥设计细则(1125)	28.00
36			JTG D61—2005	公路圬工桥涵设计规范(0887)	19.00
37			JTG D62—2004	公路钢筋混凝土及预应力混凝土桥涵设计规范(05052)	48.00
38			JTG D63—2007	公路桥涵地基与基础设计规范(06892)	48.00
39			JTJ 025—86	公路桥涵钢结构及木结构设计规范(0176)	20.00
40			JTG/T D65-04—2007	公路涵洞设计细则(06628)	26.00
41			JTG D70—2004	公路隧道设计规范(05180)	50.00
42			JTG/T D70—2010	★公路隧道设计细则(08478)	66.00
43			JTJ 026.1—1999	公路隧道通风照明设计规范(0397)	16.00
44			JTG/T D71—2004	公路隧道交通工程设计规范(0810)	26.00
45		交通	JTG D80—2006	高速公路交通工程及沿线设施设计通用规范(0998)	25.00
46			JTG D81—2006	★公路交通安全设施设计规范(0977)	25.00
47			JTG/T D81—2006	★公路交通安全设施设计细则(0997)	35.00
48			JTG D82—2009	公路交通标志和标线设置规范(07947)	116.00
49		综合	交公路发〔2007〕358 号	公路工程基本建设项目设计文件编制办法(06746)	26.00
50			交公路发〔2007〕358 号	公路工程基本建设项目设计文件图表示例(06770)	600.00

续上表

序号	类别		编　　号	名称(书号)	定价(元)
51	检测		JTG E20—2011	公路工程沥青及沥青混合料试验规程(09468)	106.00
52			JTG E40—2007	★公路土工试验规程(06794)	79.00
53			JTG E30—2005	公路工程水泥及水泥混凝土试验规程(0830)	32.00
54			JTG E41—2005	公路工程岩石试验规程(0828)	18.00
55			JTJ 056—84	公路工程水质分析操作规程(02971)	8.00
56			JTG E42—2005	公路工程集料试验规程(0829)	30.00
57			JTG E50—2006	★公路工程土工合成材料试验规程(0982)	28.00
58			JTG E51—2009	公路工程无机结合料稳定材料试验规程(08046)	48.00
59			JTG E60—2008	公路路基路面现场测试规程(07296)	38.00
60	施工	公路	JTG F10—2006	公路路基施工技术规范(06221)	40.00
61			JTJ 034—2000	公路路面基层施工技术规范(0431)	20.00
62			JTG F30—2003	公路水泥混凝土路面施工技术规范(04622)	46.00
63			JTJ 037.1—2000	公路水泥混凝土路面滑模施工技术规程(0425)	16.00
64			JTG F40—2004	公路沥青路面施工技术规范(05328)	38.00
65			JTG F41—2008	公路沥青路面再生技术规范(07105)	25.00
66		桥隧	JTG/T F50—2011	★公路桥涵施工技术规范(09224)	110.00
67			JTG/T F81-01—2004	公路工程基桩动测技术规程(0783)	20.00
68			JTG F60—2009	公路隧道施工技术规范(07992)	42.00
69			JTG/T F60—2009	公路隧道施工技术细则(07991)	58.00
70		交通	JTG F71—2006	★公路交通安全设施施工技术规范(0976)	20.00
71			JTG/T F83-01—2004	高速公路护栏安全性能评价标准(0809)	15.00
72			JTG/T F72—2011	公路隧道交通工程与附属设施施工技术规范(09509)	35.00
73	质检安全		JTG F80/1—2004	公路工程质量检验评定标准　第一册　(土建工程)(05327)	46.00
74			JTG F80/2—2004	公路工程质量检验评定标准　第二册　(机电工程)(05325)	26.00
75			JTG G10—2006	公路工程施工监理规范(06267)	20.00
76			JTJ 076—95	公路工程施工安全技术规程(0049)	12.00
77	养护管理		JTG H10—2009	公路养护技术规范(08071)	49.00
78			JTJ 073.1—2001	公路水泥混凝土路面养护技术规范(0520)	12.00
79			JTJ 073.2—2001	公路沥青路面养护技术规范(0551)	13.00
80			JTG H11—2004	公路桥涵养护规范(05025)	30.00
81			JTG H12—2003	公路隧道养护技术规范(0695)	26.00
82			JTG H20—2007	公路技术状况评定标准(1140)	15.00
83			JTG/T H21—2011	★公路桥梁技术状况评定标准(09324)	46.00
84			JTG H30—2004	公路养护安全作业规程(05154)	36.00
85			JTG H40—2002	公路养护工程预算编制导则(0641)	9.00
86	加固设计与施工		JTG/T J21—2011	公路桥梁承载能力检测评定规程(09480)	20.00
87			JTG/T J22—2008	公路桥梁加固设计规范(07380)	52.00
88			JTG/T J23—2008	公路桥梁加固施工技术规范(07378)	30.00
89	造价		JTG M20—2011	公路工程基本建设项目投资估算编制办法(09557)	110.00
90			JTG/T M21—2011	公路工程估算指标(09531)	30.00
1	技术指南		中建标公路[2002]1 号	公路沥青玛蹄脂碎石路面技术指南(0634)	20.00
2			交公便字[2005]330 号	公路机电系统维护技术指南(0922)	30.00
3			交公便字[2006]02 号	公路工程水泥混凝土外加剂与掺合料应用技术指南(0925)	50.00
4			交公便字[2005]329 号	★微表处和稀浆封层技术指南(0920)	18.00
5			交公便字[2005]329 号	公路冲击碾压应用技术指南(0921)	15.00
6			交公便字[2006]02 号	公路工程抗冻设计与施工技术指南(0926)	26.00
7			厅公路字[2006]418 号	公路安全保障工程实施技术指南(1034)	40.00
8			交公便字[2006]02 号	公路土钉支护技术指南(0995)	22.00
9			交公便字[2006]274 号	公路钢箱梁桥面铺装设计与施工技术指南(1008)	25.00
10			交公便字[2006]243 号	盐渍土地区公路设计与施工指南(1006)	20.00
11				横张预应力混凝土桥梁设计施工指南(0831)	15.00
12			交公便字[2009]145 号	公路交通标志和标线设置手册(07990)	165.00

注:JTG——公路工程行业标准体系;JTG/T——公路工程行业推荐性标准体系;JTJ——仍在执行的公路工程原行业标准体系。批发业务电话:010-59757973;零售业务电话:010-85285659(北京);网上书店电话:010-59757908;业务咨询电话:010-85285922。带"★"的表示有勘误,详见 www.ccpress.com.cn 人民交通出版社网站首页。